선교적 교회 제자훈련 성경공부 시리즈

로마서 I
(1-8장)

온 인류를 위한 복음

일러두기

본문에 인용한 성경 본문은 대한성서공회에서 펴낸 개역개정판을 따랐다.

로마서 I **온 인류를 위한 복음**

선교적 교회 제자훈련 성경공부 시리즈

1판 1쇄 발행	2023년 2월 1일
발 행 처	사)한국해외선교회 출판부(GMF Press)
지 은 이	이태웅
발 행 인	양승헌
출 판 편 집	한국선교연구원(KRIM)
주 소	서울 양천구 목동중앙본로18길 78, 4층
전 화	(02)2654-1006
이 메 일	krim@krim.org
등 록 번 호	제21-196호
등 록 일	1990년 9월 28일

로마서 I

온 인류를 위한 복음

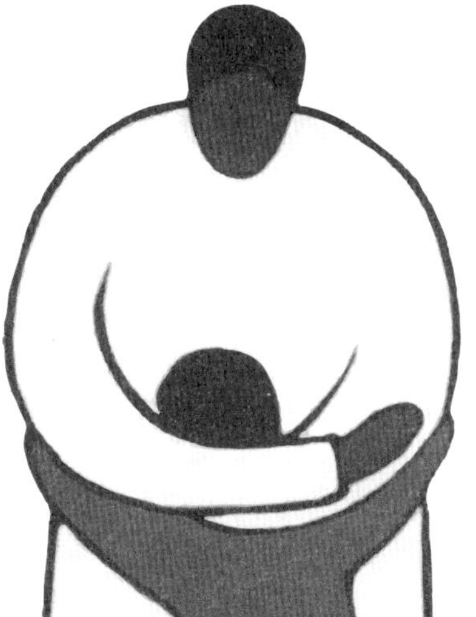

이태웅 지음

선교적 교회 제자훈련 성경공부 시리즈

선교적 교회 제자훈련 성경공부를 위한 이 지침서는 우리에게 하나님의 말씀이 한 사람을 통해 어떻게 삶의 현장에서 현실적으로 나타나는가를 잘 보여 줄 것이다.

목차

본 시리즈의 배경

『선교적 교회 제자훈련 성경공부 시리즈』는 지난 50여 년간의 경험을 토대로 하나님의 말씀 연구를 통해 어떻게 하면 우리에게 적합한 선교적 교회를 세우고, 제자훈련을 효과적으로 할 수 있을지 긴 숙고 끝에 이뤄진 것임을 밝히는 바이다.

본인은 지난 50여 년 전부터 한국교회의 성장과 학생 및 해외선교 단체를 통해 지도자들을 양성하기 위해 성경공부 교재들을 집필했다. "새생명을 얻는 방법"부터 시작해서 새 생명이 어떻게 자라는가에 초점을 둔 "새생명의 시작"을 집필했고, 그 외에도 여러 제자훈련용 교재를 집필해서 본국에서와 선교지에서 효과를 얻게 되었다. 이를 통해 하나님의 사람이 되기 위해서는 하나님의 말씀에 깊이 뿌리를 내리지 않으면 안 된다는 사실을 깨달았고, 지난 수십 년간 선교사를 훈련하면서 하나님의 말씀을 어떻게 공부하고 적용할 것인가라는 주제는 필수적인 커리큘럼의 일부가 되었다.

1990년 중반 북미주 복음주의 선교학자들이 복음과 문화의 관계를 연구하던 중에 선교적 교회(missional church) 이론이 탄생했다. 먼저는 북미주에, 그다음에는 세계로 퍼져 나갔다. 그러나 애처롭게도 그 불은 빠른 속도로 세계에 퍼졌던 것과 같은 속도로 금새 꺼져 버렸다. 필자는 그 원인으로 제자훈련이 안 된 가운데 단순히 선교신학적 해답을 찾는 것만으로는 선교적 교회가 된다는 것은 불가능하다고 판단하고 본 시리즈를 시작하게 되었다.

하나님께서는 모든 교회가 선교적으로 되기를 절실히 원하신다(요 20:21-23).

이태웅

『선교적 교회 제자훈련 성경공부 시리즈』 추천사

『선교적 교회 제자훈련 성경공부 시리즈』는 사도행전을 큰 뼈대로 삼아 그 선교 역사의 흐름 속에 바울서신과 일반서신을 연결하여 각 책의 핵심 내용과 메시지를 현장감 넘치게 소개합니다. 교재마다 세부적인 체계의 차이는 있지만, 큰 뼈대는 대체로 일치합니다. 각 책을 시작할 때마다 그 책의 기원과 구조, 그리고 핵심 주제를 소개하는 서론이 나타납니다. 본론은 단락마다 주제와 내용 요약을 제시하고, 본문 이해를 돕기 위한 질문들과 이를 답변하는 데 도움을 주는 힌트를 제공합니다. 이어서 "이 과를 마치면서"라는 결론으로 마무리됩니다. 그 사이사이에 다양한 소제목이 활용되는데, 예를 들면 본문관찰, 본문묵상, 핵심메시지, 우리의 고백, 추가적 연구, 적용하기, 그리고 나의 기도 등입니다.

이처럼 다양한 소제목은 큰 뼈대와 더불어 크게 두 가지에 관점을 가지고 접근합니다. 첫째, 본문의 의미를 추구하는 것입니다. 이를 위해 역사적 배경, 어휘 연구, 문맥 관찰, 구조 연구, 핵심 메시지 탐구 등이 활용됩니다. 둘째, 본문을 적용하는 것입니다. 이를 위해 묵상, 우리의 고백, 그리고 현대적 적용과 나의 기도 등과 같은 질문들과 도전들이 활용됩니다. 이 시리즈의 교재를 하나씩 따라가다 보면, 독자는 사도들의 교회를 향한 사랑과 선교를 위한 헌신에 깊이 공감하게 되고, 자신도 어느새 그 사랑과 헌신에 동참하게 됨을 발견할 것입니다. 사도행전과 바울서신 그리고 일반

서신을 선교적 관점에서 일관성 있게 공부하고 적용하기를 바라는 목회자와 선교사들과 성도님들에게 이 시리즈를 적극적으로 추천합니다.

양용의 박사 에스라성경대학원대학교 신약학 교수 역임

변함없는 진리의 말씀인 성경과 변화하는 세상 속에 사는 우리 삶은 연결되어야만 합니다. 그것이 성경을 공부하는 이유입니다. 종종 성경공부 교재는 성경(text) 쪽 언덕에 집착하다 상황(context) 쪽 언덕에로의 연결이 약해 기독교판 주지주의(主知主義)로 빠지게 되거나, 반대로 상황 쪽 언덕에 집착하다 성경 쪽 언덕에로의 연결이 약해 주관주의로 빠지게 되는 것을 느낍니다. 『선교적 교회 제자훈련 성경공부 시리즈』는 평생 하나님의 말씀과 하나님의 선교에 헌신해 오신 이태웅 박사님의 평생의 노력이 한 곳에 모인 균형 잡힌 성경공부 교재입니다. 디모데가 바울이 보낸 디모데전후서 편지를 받았을 때 느꼈을 따듯한 가르침이 이 교재 페이지마다 진하게 느껴집니다. 노련한 하나님의 사람 이태웅 멘토님의 다정하고 자상한 가이드를 통해 우리는 그 말씀으로 이 상황을 어떻게 살고 섬겨야 할지를 배울 수 있습니다. 저자의 귀한 헌신과 노력이 이 땅의 말씀 사역자들에게 큰 축복이 될 것을 확신합니다.

양승헌 목사 세대로교회 담임, Ph.D.(트리니티 복음주의 신학교)

이 성경공부 시리즈는 본문 연구에 충실하면서도 구체적으로 선교적 적용을 하고 있습니다. 사도행전과 서신서들을 묵상하면서 선교적 영성을 닦고 제자도를 연마하는 데 크게 도움이 될 것입니다. 복음주의적인 성경 이해를 바탕으로 제자로서의 자신의 삶을 돌아보는 영적인 순례길의 좋은 안내자가 될 것이라고 믿습니다.

문상철 목사 카리스 교차문화학 연구원장, KRIM 창립원장 역임,
Ph.D. in ICS(트리니티 복음주의 신학교)

이번 이태웅 목사님이 집필하신 『선교적 교회 제자훈련 성경공부 시리즈』는 체계적으로 주님의 말씀을 공부함으로써 영적 성숙을 이룰 뿐만 아니라 선교적 그리스도인으로서 하나님의 선교에 참여할 열정을 품게 해 줄 것입니다. 성경이 말씀하고 있는 선교적 삶을 살고자 하는 선교사와 선교적 그리스도인이 되고자 하는 사람이라면 누구나 쉽게 공부함으로 도움을 받을 수 있는 본 교재를 적극적으로 추천하는 바입니다.

주민호 선교사 침례교해외선교회(FMB) 회장(선교학 박사)

하나님의 백성이 튼튼해지는 길은 하나님의 말씀을 정기적으로 잘 먹고, 그 말씀대로 사는 것입니다. 『선교적 교회 제자훈련 성경공부 시리즈』는 그런 길로 친절하게 안내하고 있습니다. 본인은 실제로 미국 한인교회 청년들을 대상으로 본 성경공부 시리즈를 활용하면서 큰 성과를 거둔 경험이 있습니다. 이번 개정판이 21세기 상황에 더 적합하게 만들어진 것을 보니 더욱 기쁩니다.

변진석 목사 한국선교훈련원 원장, Ph.D. in ICS(트리니티 복음주의 신학교)

선교라는 제목에도 불구하고 이 시리즈에서 선교가 잘 안 보인다면 이는 성경이 선교적이지 않거나 저자가 선교를 몰라서가 아니라 성경과 이 책을 보는 우리의 선교에 대한 오해 때문입니다. 그리스도인의 바른 정체성과 속성이 곧 선교적이었던 초기 교회의 모습을 바르게 보여 준다는 면에서 이 시리즈는 선교적 성경공부입니다. 이 책을 통해 말씀의 본래 의도를 깨달아 우리의 선교에 대한 오해가 선교의 이해로 거듭나기를 바랍니다.

권성찬 목사 한국해외선교회(GMF) 대표,
GBT 대표 및 위클리프 아시아-태평양 대표 역임, Ph.D.(옥스퍼드선교대학원)

로마서 I(1-8 장) 서문

『하나님의 의와 그리스도의 은혜』[1]라는 로마서 성경공부 지침서를 필자가 최초로 저술한 지도 벌써 근 36 여 년이 지났다. 그때 로마서가 중요한 책이라고 생각했기 때문에 성도들이 쉽게 사용할 수 있는 지침서를 만들어야겠다고 생각했었다. 그 후 2000 년에 『로마서 I』을 죠이 출판사를 통해 출판했다.[2] 처음 로마서 공부 지침서를 낸 때나 지금도 로마서가 중요한 책이라는 생각에는 변함이 없다. 성경의 모든 부분이 다 중요하지만, 그중에서도 특히 로마서가 중요한 책이라고 생각했던 것이다. 짧은 그 서신 속에 그처럼 많은 교리가 포함되어 있다는 사실에 놀람을 금할 수 없다. 또한, 조직적으로 기록되어 있어서 하나님 말씀을 공부하는 우리에게 큰 도움을 주고 있다. 누가 필자에게 성경 전체 중에서 한 권의 책을 선택하라고 한다면 아마도 로마서를 택할 만큼 로마서는 성경 여러 권의 책 가운데서도 매우 귀중한 책으로 손꼽힌다.

이 외에도 로마서를 사랑하는 이유가 또 있다. 지금까지 신앙 성장 단계를 생각해 보았을 때 로마서에서 제시하고 있는 하나님의 의(義)를 체험하는 것, 십자가를 깨닫는 것, 그리고 이를 통해서 성령님께서 자유자재로

---

1 이태웅, 『하나님의 의와 그리스도의 은혜』 (서울: 죠이선교회, 1986).

2 오래전 절판된 『하나님의 의와 그리스도의 은혜』는 약 36 여 년 전에 필자가 죠이선교회의 대표로 재직 시 소책자 형태로 집필해서 제자훈련 교재로 사용했다. 그 후 2000 년에는 『로마서 I』이라는 제목으로 로마서 1-8 장에 관한 제자훈련용 성경공부를 위해 새롭게 집필하여 죠이선교회에서 초판을 냈다. 본서는 절판된 이 교재를 기초로 하여 새롭게 쓴 것임을 밝히는 바이다.

우리 가운데 역사하시는 것 등을 실생활 가운데 경험하지 않고서는 우리 신앙이 제대로 성장했다고 할 수 없을 것이다. 이는 무조건 열심히만 하면 되는 것이 아니라는 점도 깨닫게 해 준다. 로마서는 그렇게 한 개인의 삶에 있어서 필수적으로 거쳐야 할 신앙 성장 단계를 가장 깊이, 그리고 조직적으로 다루고 있는 책이다.

이 책은 설교집이 아니라는 사실을 밝혀둔다. 오히려 이 책은 성경공부를 돕기 위한 지침서이다. 다만 특이한 점이라면 좀 더 많은 설명을 붙였다는 점이다. 따라서 이 책은 개인적인 성경공부는 물론 그룹 성경공부 교재로도 사용할 수 있을 것이다.

이 책을 공부할 때는 먼저 로마서를 여러 번 읽어야 한다. 그리고 해당되는 부분을 충분히 읽어가며 지침서에 따라서 답을 작성하고, 그것을 토대로 그룹이 함께 공부하면서 깨달은 사실들을 서로 나누기를 원한다. 복잡하고 이해하기 어려운 부분은 주석서를 사용해서 확인하기 바란다. 그렇게 하면 이 책이 로마서 전체의 흐름과 중요한 교리를 이해하는 데 도움이 될 수 있을 것이다. 부디 이 책이 개인적으로나 또는 학교, 교회, 및 선교지에서 좀 더 하나님 앞에 가까이 나가고자 애쓰는 사역자들과 성도님들의 신앙 성장에 조금이나마 보탬이 되기를 바란다.

2023년 1월 20일 개정

목동에서

이태웅

로마서 개론

저자 : 로마서 1:1, 15:19-22 과 사도행전 20:3 을 미루어 보아 바울 사도가 고린도에 머물 때 기록하였음을 알 수 있다.[1]

시기 : 바울 사도가 사망하기 8-10 년 전인 AD 56-57 년에 쓰였다.

배경 : 바울 사도는 소아시아에서 사역을 거의 마치게 되자 로마로 갈 마음이 생겼다(롬 1:9-13, 15:29-32). 그는 준비 단계로 서신을 통하여 로마의 성도들에게 자신을 소개하고, 겸하여 중요한 교리를 가르치려고 했다. 그런 다음 바울 사도는 먼저 구제 연보를 예루살렘에 전달한 후 로마로 가려고 했다. 바울 사도는 전 세계에 복음이 전파되기 위해서는 로마 제국을 도구로 사용해야 한다는 사실을 알았을 것이다.

성격 : 신학적 논문체인 동시에 서신 양식을 띠고 있다.

목적 : 바울 사도는 소아시아 및 마게도니아 사역을 끝마치고 로마로 거점을 옮겨 서쪽으로 더 깊숙이 들어가면서 선교하고 싶었다. 그래서 로마에 가기 전에 자신을 로마인들에게 소개하고, 기타 교리적인 문제들도 아울러 다루고자 했다.

---

[1] Matthew Black, *Romans*, The New Century Bible (Greenwood: Attic Press, 1973), 19.

공부 지침

1. 로마서 전체를 집중적으로 읽으라. 계속 읽고 묵상하여 그 윤곽을 파악하라.
2. 기도하는 가운데 말씀을 깊이 신뢰하며 공부하라. 지적인 관심만으로는 부족하다. 예배하는 자세로 공부할 때 가장 깊은 사실까지 알 수 있다.
3. 중요한 주제들을 알 수 있도록 열심히 공부하라. 죄(sin)와 죄들(sins), 죄의식, 화목제물(propitiation), 하나님의 의, 믿음, 성령, 헌신, 인간의 칭의(稱義)의 필요성, 인간의 책임의 필요성, 하나님의 주권, 유대인과 이방인의 관계와 그 미래, 그리스도인의 생활의 핵심적인 이슈 등을 주제로 공부하라.
4. 이 책 전체의 주제인 로마서 1:16-17 에 나타난 신학적 개념들, 즉 하나님, 복음, 능력, 구원, 의(義), 믿음, 삶 등에 초점을 맞추어 공부하라. 로마서는 예수 그리스도의 복음으로 인간이 하나님의 의(義)를 회복하는 것에 관해 말씀하고 있다. 그 내용을 한마디로 요약해 볼 때 우리에게서 나온 의(義)가 아니라 하나님으로부터 온 하나님의 의(義)에 관한 것이다.
5. 불분명한 부분은 주석서들을 참조하여 확인하라.

온 인류를 위한 복음(로마서 **1-8** 장)

제 1 부 온 인류의 죄와 하나님의 진노 1:1-3:20	제 2 부 그리스도의 십자가를 통해 온 인류에게 나타난 하나님의 은혜 3:21-5:21	제 3 부 그리스도의 십자가와 승리의 삶 6:1-8:39
1. 서론: 온 인류를 구원할 복음 • 인사(1:1-7) • 개인 사정 전달(1:8-15) • 로마서의 주제 구절(1:16-17) 2. 이방인의 범죄의 사실 • 자연을 통해 나타난 하나님의 의에 대한 인간의 그릇된 반응(1:18-23) • 인간에게 나타나는 하나님의 진노와 인간이 처해있는 현 상태(1:24-32) 3. 도덕적인 사람들의 범죄의 사실 • 도덕적인 사람들에게도 예외 없이 임하는 하나님의 심판(2:1-5) • 모든 사람에게 내려지는 하나님의 공의로우신 심판(2:6-11) • 하나님의 심판과 율법과의 관계(2:12-16) 4. 유대인 범죄의 사실 • 행함에 도움을 주지 못하는 율법의 한계성(2:17-24) • 변화에 도움을 못 주는 할례의 무익성(2:25-29) • 유대인들 주장의 허구성과 유대인들 궤변에 대	6. 새롭게 나타난 하나님의 의(義): 복음의 핵심 • 새롭게 나타난 하나님의 의(3: 21-22) • 새롭게 나타난 하나님의 의의 의미(3:23-26) • 새롭게 나타난 하나님의 의와 우리의 행위와의 관계(3:27-30) 7. 이신칭의(以信稱義)와 이스라엘 민족의 조상들과의 관계 • 이신칭의와 대표적인 믿음의 조상들과의 관계(4:1-8) • 이신칭의와 할례와의 관계(4:9-12) 8. 이신칭의(以信稱義)와 구약의 언약과의 관계 • 이신칭의와 하나님의 약속과의 관계(4:13-17) • 이신칭의와 믿음의 성격과의 관계(4:18-25) 9. 이신칭의(以信稱義)가 주는 축복들 • 이신칭의가 주는 축복의 예(5:1-5) • 이신칭의와 하나님의 사랑의 크기(5:6-8) • 이신칭의가 주는 죄 사함과 새로운 차원의 삶(5:9-11)	11. 십자가는 우리의 죄성(罪性)까지도 해결했다 • 아는 것(6:1-10) • 여기는 것(6:11) • 적극적으로 드리는 것(6:12-14) 12. 우리는 더 이상 죄의 노예가 아니다 • 죄의 종이 되지 말아야 할 합리적인 이유(6:15-16) • 죄에게 자신을 드리지 말아야 할 근본적인 이유(6:17-19) • 의의 종으로서 살아야 할 궁극적인 이유(6:20-23) 13. 율법으로부터 자유 • 율법으로부터 자유(7:1-6) • 율법이 그리스도인에게 주는 현재의 의미(7:7-13) 14. 율법 가운데 사는 사람의 갈등 • 율법은 죄에 대한 갈등을 더욱 심화시킴(7:14-24) • 오직 그리스도만이 우리 죄의 문제에 대한 해결책임(7:25) 15. 성령의 능력으로 승리하는 삶

한 논리적인 답변들(3:1-8) 5. 온 인류의 범죄 사실 • 유대인도 이방인 못지않게 죄인이다(3:9-18) • 율법 있는 자가 죄인이면 율법 없는 자는 두말할 나위 없이 죄인이다(3:19) • 율법으로는 하나님 앞에 의롭다 함을 얻을 사람이 없다(3:20)	10. 이신칭의(以信稱義)와 새로운 소속감(所屬感) • 아담과 예수 그리스도의 대비(5:12-16) • 구체적인 대비(5:15-21)	• 성령을 좇아 살 수 있는 준비 완료(8:1-4) • 우리에게 있는 두 종류의 삶(8:5-11) • 성령님의 인도하심에 따라 사는 삶 (8:12-17) 16. 최선의 삶 • 현재 고난은 장차 우리에게 올 영광과 족히 비교할 수 없음(8:18-25) • 성령도 우리를 도우심(8:26-27) • 하나님을 사랑하는 자에게는 모든 것이 합력하여 선을 이루심(8:28-30) • 하나님이 우리를 위하신다면 아무도 우리를 대적할 수 없음(8:31-34) • 아무도 우리를 하나님의 사랑에서 끊지 못함(8:35-39)

사도행전과 그 이후 강조된 주제의 관점에서 본 분류[1]

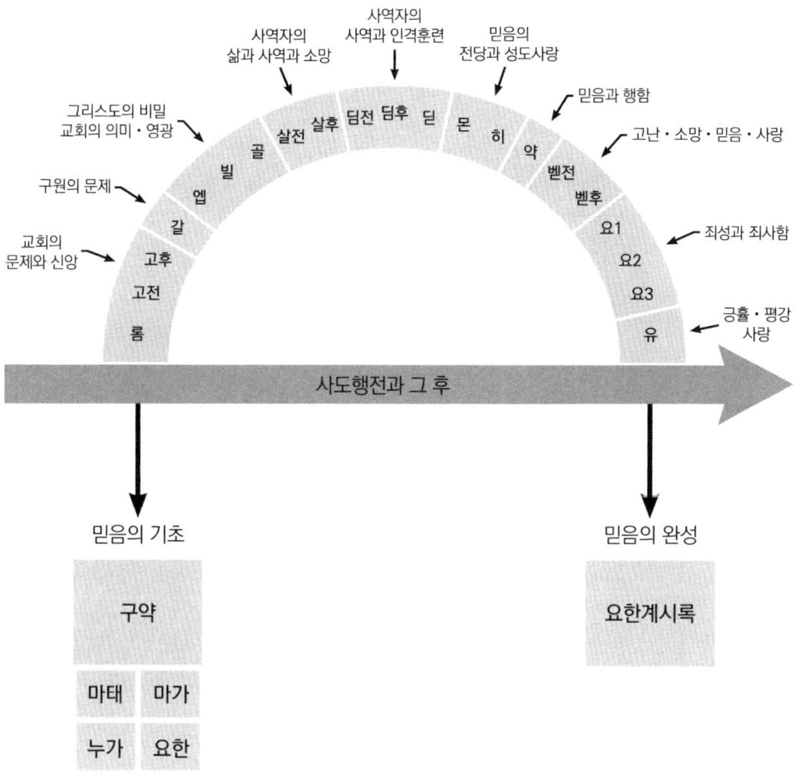

1 누가 선생은 주님께서 승천하신 후 처음으로 교회가 어떻게 탄생했으며(행 2:37-42), 교회가 그들을 어떻게 제자훈련을 시켰으며(행 2:44-47), 그들도 성장하여 선교할 수 있게 양육하였는가에 대한 지침을 제시했다고 볼 수 있다(행 1:8; 20:17-35). 선교가 이뤄진 곳마다 제자들(교인들)의 성장을 위해 자기 생애를 쏟아가며 양육한 것이 또한 좋은 예이다(서신서들과 행 20:18 의 예). 1990 년대에 복음주의 세계를 놀라게 한 '선교적 교회론'과 관련된 여러 논문도 이런 근거 위에 형성된 것이라 본다. 그와 같은 사실을 간단한 도식을 통해 필자가 표현했다. *** 매 과를 공부할 때마다 그 내용을 확인하고, 선교 대상들(본인 포함)이 어떻게 주님의 제자로서 성장할 수 있는가를 깊이 숙고하기 바란다.**

사도행전과 그 이후에 기록된 서신서의 관점에서 본 분류[2]

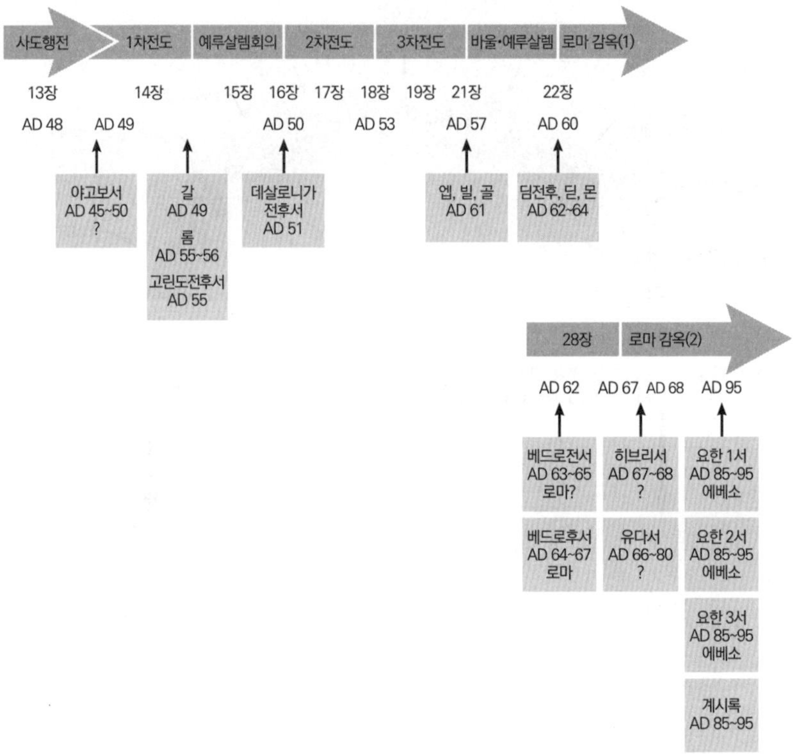

2 교회가 탄생한 후 선교와 제자를 양육하는 것이 병행해서 이뤄진 것을 필자가 도식으로 표현하였다. 특히 에베소서에는 제자도를 위한 원리가 소상하게 나타났다(엡 4:7-16). * **교회가 본질적으로 선교적이며, 이를 위해 제자도(훈련)가 필연적인 사실임을 나타내 주고 있다는 뜻이다.** 이런 사실은 1990 년대에 일련의 선교학자들에 의해 '선교적 교회론'으로 정립된 바 있다. Patrick Schreiner, "What We Would Be Missing If We Didn't Have the Book of Acts," *Crossway Articles*, January 04, 2022; Book Talks with Patrick Schreiner: The Mission of the Triune God," posted by Matthew Hines, January 25, 2022, https://www.mbts.edu/2022/01/booktalks-with-patrick-schreiner-the-mission-of-the-triune-god; Michael W. Goheen, ed. *Reading the Bible Missionally* (Grand Rapids: Eerdmans, 2016), 27.

제 1 부

온 인류의 죄와 하나님의 진노

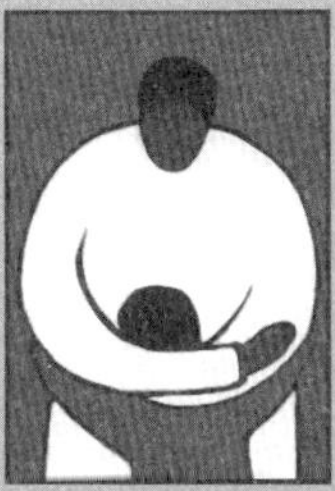

1

온 인류를 구원할 수 있는 복음

로마서 1:1-17

먼저 성경 본문을 여러 번 읽으시오.

이 부분은 로마서 전체의 서론이라고 할 수 있다. 만일 로마서 전체에서 한 구절을 택하라면 대부분이 1:17 을 택할 것이다. 그 이유는 이 한 구절에 로마서가 압축되어 있기 때문이다. 바로 이 한 구절 가운데 로마서의 주제들이 다 내포되어 있다. 특히 복음, 하나님의 의(義), 믿음, 의인(義人) 등이 로마서의 중요한 주제이다.

1:1-7 에서는 복음이 구약을 통해 어떻게 준비되었으며(1:2), 예수 그리스도께서 바로 이 복음의 핵심이 되심을 알려준다(1:4). 1:8-17 에서는 복음이 로마를 포함한 온 세상에 전파되어야 한다는 하나님의 뜻이 뚜렷하게 나타난다. 우리는 이 부분을 볼 때마다 복음의 깊이에 대해 놀라움을 금할 수 없다. 그 결과 우리도 바울 사도처럼 복음의 능력을 시인하고, 온 세상에 복음을 전파하고자 하는 열정으로 가득 차게 될 것이다. 그래서 온 인류가 "오직 의인은 믿음으로 말미암아

살리라"(롬 1:17)고 외칠 때까지 쉬지 않고 복음 전파에 힘쓰게 될 것이다.

가. 인사(1:1-7)

복음을 위한 택함(1:1)

바울 사도는 인사말에서 자신이 하나님의 복음을 위하여 사도로 부르심을 입었다고 밝히고 있다. 이와 함께 자신을 예수 그리스도의 종이라고 소개하였다. 구약에서 이 말은 왕과 신하의 관계, 그리고 하나님과 인간과의 관계를 설명하는 데 종종 사용되었다. 바울 사도는 종이라는 말을 사용함으로써 자신이 전적으로 그리스도께 속해 있으며 그리스도의 권위에 절대적으로 복종하고 있음을 말하고 있다. 그는 타인의 강요나 위협에 의해서가 아니라 자발적으로 종이 되었다.

주님의 종이 된 바울 사도가 해야 할 가장 큰 일은 주인 되시는 예수 그리스도의 뜻에 따라서 온 세상에 복음을 전파하는 것이었다. 즉, 세계 복음화가 그의 가장 큰 임무였으며, 사도행전과 로마서에서는 복음 전하는 것을 가장 중요하게 여기는 바울 사도의 모습을 볼 수 있다. 우리도 그와 같은 열정을 가지고 바울 사도와 같이 복음을 위해서 살아야 할 것이다. 그것은 바울 사도에게만 국한된 일이 아니고, 우리 모두에게도 해당하기 때문이다.

힌트

> **예수 그리스도의 종(a bond-servant of Christ Jesus[NASB], 1절)**: 구약에서는 왕과 신하의 관계 또는 하나님과 인간과의 관계를 설명하는 데 '종'을 사용되었다. 바울 사도는 자신이 전적으로 그리스도

에게 속하였으며, 그리스도의 권위에 절대적으로 복종하고 있음을 설명하고 있다. 아울러 바울 사도가 자발적으로 이런 관계를 그리스도와 맺고 있음을 말해 주고 있다.[1]

사도(apostle, 1 절): 바울 사도는 하나님께서 부르신 사실을 강조하는 의미로서 자신을 사도라고 불렀다. 그 외에도 사도는 다음과 같은 경우에 쓰였다. ① 12 사도 ② 바울과 바나바와 디모데를 포함한 더 많은 사람들.[2] 이 경우는 하나님의 보내심을 받아서 선교사역을 하는 사람들을 지칭했다. 본문에서는 바울 사도가 12 사도와 같은 권위를 가지고 있음을 나타내는 의미로 쓰였다.

하나님의 복음을 위하여 택정함을 입었으니(called to be an apostle separated to the Gospel of God, 1 절): 예레미야 선지자처럼 복음을 위해 자신이 바쳐졌음(구별됐음)을 의미한다.[3]

복음의 내용(1:2-5)

바울 사도는 2-5 절에서 복음에 대하여 설명했다. 복음의 전체적인 뜻을 모두 설명하기보다는 서론적으로 복음의 핵심만을 말하고 있다. 그 내용은 첫째로 복음이 이미 구약에서 약속되었고(2-3 절), 둘째로 하나님의 아들이신 그리스도께서 복음의 핵심을 이루고 있으며(4 절), 셋째는 복음의 핵심이신 그리스도께서는 모든 은혜와 주권의 원천이 되신다는 것이다(5 절).

국경을 초월해 역사하는 복음(1:6-7)

바울 사도는 로마에 있는 사람 중에도 복음을 듣고 예수 그리스도께 부르심을 받은 자가 있다고 했다(6 절). 그들은 유대로부터 멀리 떨어진 로마

---

1 C. E. B. Cranfield, *The Epistle to the Romans* vol. 1, 2 (Edinburgh: T & T Clark, 1975), 1.

2 Cranfield, *The Epistle to the Romans*, 52.

3 Black, *Romans*, 34.

에 살고 있었으나 전파된 복음을 듣고, 복음을 받은 사람이 되었다. 이처럼 어느 특정한 나라, 가족, 개인에게 국한되지 않고 누구든지 복음을 듣고, 회개하고, 받아들일 때 복음을 받은 사람이 되며, 더 나아가서 복음을 맡은 사람이 된다. 바울 사도는 로마 사람 중에 복음을 받은 사람들을 성도(聖徒)라고 불렀다. 그리고 그들에게도 역시 선민(選民)들에게 주어지는 우리 하나님 아버지와 주 예수 그리스도로부터 오는 은혜와 평강이 있을 것이라고 말했다(7 절).

현대에 사는 우리는 이러한 사실을 더욱 분명히 알고 있다. 전 세계적으로 복음이 전파되었고, 복음을 듣고 회개하고 받아들이는 사람마다 복음의 능력으로 하나님의 성도가 되었다. 이렇게 믿는 우리는 모두 복음을 위해 부르심을 받은 사람이 되었기 때문에, 바울 사도처럼 다른 사람들에게 복음을 전파하기 위해 살아야 한다.

나. 개인 사정 전달(1:8-15)

성도 간의 사랑(1:8-13)

바울 사도는 복음을 듣고 그리스도인이 된 로마인들에 대해서 하나님께 한없는 감사를 드렸다. 그 이유는 하나님의 사랑이 "온 세상에 전파되었기" 때문이다(8 절). 복음을 듣고 하나님의 성도가 된 사람들 사이에는 깊은 관계가 형성된다. 한 형제자매로서 서로를 위해 감사하며, 교제하며, 서로 보기를 원한다. 성도들에 대한 바울 사도의 이러한 열정이 12-13 절에 표현되었다. 바울 사도는 그들을 보기를 원하며, 또한 신령한 은사들을 나눠주고 싶어 했다. 여기서 말하는 은사는 하나님이 주시는 일반적인 영적 축복을 말하는데, 바울 사도는 이것을 혼자만 누리지 않고 그들에게도 나눠주기를 원했다. 그리고 더 나아가서 그들로부터 위로받기를 원했다.

복음에 대한 열정(1:14-15)

바울 사도는 로마 성도들의 도움을 받아 그 주위의 믿지 않는 이방인들에게 복음을 전파하기 위해 로마로 가고자 했다. 여기서 전 세계에 복음을 전파하고자 하는 바울 사도의 깊은 열정을 볼 수 있다. 이 말씀을 묵상하고, 영혼에 대한 사랑을 달라고 기도하기를 바란다. 이로써 우리에게도 그런 열정이 계속 일어나도록 해야 할 것이다.

바울 사도는 자신의 그런 열정을 "빚진 자"에 비유했다(14 절). "헬라인이나 야만인이나"라는 말은 그 당시 세계 모든 사람을 염두에 둔 표현이다. 다시 말해서 세상 모든 사람에게 복음이 전파되어야 한다는 뜻이다. 바울 사도는 "할 수 있는 대로 로마에 있는 너희에게도 복음 전하기를 원하노라"고 말했다. 우리도 전 세계에 복음을 전하기 위해 노력해야 한다. 전하지 못했을 때는 마치 빚진 사람처럼 부담을 갖고 살아야 한다. 이러한 복음에 대한 열정은 바울 사도뿐만 아니라 복음을 듣고 성도가 된 모든 사람 속에 생기는 자연적인 현상이다.

힌트

> **신령한 은사(spiritual gift, 11 절)**: 여기서 신령한 은사는 어떤 특정한 성령의 은사(고전 12 장, 롬 12 장)를 의미하기보다는 오히려 복음이 주는 일반적인 축복을 의미한다.[4]
>
> **피차(mutual, 12 절)**: 그리스도인들은 서로 축복을 주고받을 수 있다. 이것이야말로 참된 교제(fellowship)의 성격이다.
>
> **열매를 맺게 함(fruit, 13 절)**: 어떤 열매를 의미하는지 약간 모호한 점도 있으나, 일반적으로 전도의 열매를 맺는 것과 그들 중에 이미 믿고 있는 성도들 가운데서 열매를 맺는 것도 포함되었을 것이라 볼 수 있다. 즉 바울 사도가 서쪽으로 가서 복음을 전파하기 위해

---

4 Everett F. Harrison, *Romans*, The Expositor's Bible Commentary, rev.ed (Grand Rapids:

로마 성도들의 도움을 받고 싶다는 의미로도 열매를 맺는다의 뜻을 볼 수 있을 것이다.[5]

다. 로마서의 주제 구절(1:16-17)

복음의 우주적 성격(1:16)

바울 사도는 복음을 부끄러워하지 아니하고 오히려 세계 각처에 전파하기를 원했다. 그 이유는 "복음은 모든 믿는 자에게 구원을 주시는 하나님의 능력이 되기" 때문이다. 또 복음에는 "하나님의 의"가 나타나기 때문이다. 그 의(義)는 두 가지 의미가 있는데, 첫째로 우리가 하나님 앞에 믿음으로 나갔을 때 하나님의 은혜로 말미암아 "하나님의 의"가 우리에게 주어진다는 것이다. 둘째로 "하나님의 의"가 믿는 사람들에게 주어졌을 때 그들은 사단과 죄와 사망으로부터 구원을 받고 더 이상 하나님의 진노의 대상이 되지 않음을 의미한다.

복음의 방향성(1:17)

바울 사도는 여기서 하박국 선지자가 한 말씀과 똑같은 말씀을 하고 있다.

> …… 오직 의인은 믿음으로 말미암아 살리라……(17 절).

이는 믿음으로 말미암아 의인이 된 사람, 즉 하나님의 은혜로 의를 선물로 받은 사람은 지금부터 영원토록 살며 갈수록 믿음이 더 좋아진다는 것이다. "믿음으로 믿음에 이르게 한다"는 말씀은 바로 이처럼 복음을 받은 사람의 믿음이 갈수록 더욱 자라간다는 의미이다.

Zondervan, 1982), 17.

5 Black, *Romans*, 42.

로마서는 복음과 복음을 받은 사람의 변화, 그리고 변화된 사람이 어떻게 살 것인가에 대하여 말씀하고 있다. 우리는 이 과를 통해 나머지 과들에 대한 기대감과 방향성을 제시받을 수 있다. 우리도 바울 사도처럼 복음을 위해 택정함을 받은 사람으로서 복음을 부끄러워하지 않고 누구에게나 복음을 전하기 원하며, 복음 때문에 빚진 자처럼 아직 믿지 않는 사람들을 향해 부담감을 가지고 살 수 있기를 바란다.

힌트

부끄러워(16 절): 헬라 시대는 복음을 믿는 것을 부끄러운 일로 생각했다.

구원(salvation, 16 절): 사 45:17; 52:15; 출 14:13; 15:2 참조.[6]

① 원래의 의미: '온전케 된다', '건강케 된다' 또는 '위험으로부터 건져진다'라는 의미가 있다.

② 신학적 의미: 죄 용서와 죄가 파괴한 모든 것으로부터 회복됨을 의미한다.

③ 일반적 의미: 칭의(justification), 화목(reconciliation), 성화(sanctification) 및 구속(redemption)의 의미를 모두 포함하고 있다.

④ 궁극적 의미: 궁극적으로는 사단 및 죄와 사망으로부터 건짐을 얻는 것을 의미한다.

하나님의 능력(power, 16 절): 하나님의 고유의 행동이 인간의 차원으로 표현된 것을 의미하며, 이는 초자연적인 실재(supernatural reality)로 우리에게 나타나게 됩니다.

하나님의 의(a righteousness from God[NIV, NASV], 17 절):

① 히브리 문화에서의 의미: 덕(integrity)을 의미하거나 옳은 관계를 갖는 것을 의미하며, 여기서는 하나님과 인간의 언약 관계도 포함될 수 있다.

6 구원은 이처럼 많은 의미를 내포하고 있다. 우리의 죄를 용서함은 물론이고, 그 외에도 많은

② 법적 의미: 법정에서 판사가 의롭다고 선고한 것과 같은 의미로 사용되었다(갈 3:11; 합 2:4).

③ 하나님의 속성 중의 하나로서의 의미 : 이는 옳은 행동이나 잘못된 것을 시정하는 것 외에도 의(義)가 승리하는 것(구원의 적극적 의미) 또는 구원과 동일한 의미로 사용된다(시 103:6; 사 51:5).

④ 결론적으로 '하나님의 의'는 두 가지로 그 의미를 요약할 수 있다.

- 법적 용어: 이는 '하나님의 의'가 우리에게 전가되는(imputed/imparted) 것을 말한다. 하박국 2:4 과 로마서 3:22 이 바로 이 의미로 사용되었다. 즉 하나님께로부터 나온 의(義)가 법정 판결(하나님)에 의해 우리에게 주어진 것을 의미한다.
- 하나님의 승리: 믿는 사람은 사단과 죄와 사망으로부터 구원받고(건짐을 얻음), 믿지 않는 자들은 하나님의 진노가 그들의 불경건함과 불법에 따라 내려지는 것을 의미한다. 믿는 사람은 이런 자격을 가지고 세상과 다르게 깨끗하고 공의로운 생활을 하게 됩니다.

나타나서(is revealed, 17 절): 이는 현재에도 나타날 뿐 아니라 장래에도 나타나게 되는 것을 의미한다.

믿음으로 믿음에(믿음에서 믿음에, by faith from first to last[NIV], from faith to faith[NASV], 17 절): 이 부분에 대해서는 다음과 같은 해석이 있다.[7]

① 구약의 믿음에서 신약의 믿음으로

② 설교자의 믿음에서 받는 자의 믿음으로

③ 전적으로 믿음으로

④ 하나님의 성실하심에서 사람들의 믿음으로(Barth)

⑤ 우리가 의롭다 함을 받는 것은 믿음의 원리로 된 것이다(이 원리는 처음 우리가 의롭다 함을 받았을 때는 물론 계속 하나님과의 관계에서도 적용되어야 함을 의미한다).

결국 ③과 ⑤의 해석이 이 경우에 가장 적당하다. 이는 중심 구절인 1:17(합 2:4)을 미루어 보아서, 또는 로마서 전체의 문맥을 통해 알 수 있다.

오직 의인은 믿음으로 말미암아 살리라(the righteous will live by faith(NIV), 17절): 이는 믿음으로 말미암아 의인이 된 사람이 현재에도 의인의 삶을 살고, 영원토록 살 것이라는 뜻이다. 이런 삶은 바리새인들이 말하는 외적인 규정만 지키는 것이 아니다. 우리가 믿을 때 하나님께서 우리 안에 들어오셔서 그리스도를 통하여 새 생명을 주시며, 그 생명을 통하여 지금도 살고 또 영원토록 살게 해 주신다. 이런 생활의 시작은 오직 믿음으로만 가능하며, 이렇게 계속 사는 것도 믿음으로만 된다.

혜택을 받는 것, 곧 온전케 됨, 회복됨, 망가진 것을 고침을 받는 것 등이다. Harrison, *Romans*, 18-19.

7 Harrison, *Romans*, 19-20.

워크숍

1. 본문을 여러 번 읽고, 관찰한 후 본문이 전하고 있는 중요한 내용을 기록하라(예: 바울과 예수님의 관계, 복음과 구약의 관계, 예수님과 복음의 연관성 등). 이를 통하여 본문의 메시지를 자신의 말로 요약해 보라.

2. 바울 사도는 자신을 어떻게 생각했으며, 이로 보아 우리는 자신을 어떻게 생각해야 하는가(1:1; 고전 6:19-20)?

3. 본문에서 복음에 대해 어떻게 설명하였는가를 요약하고, 우리에게 복음이 왜 그렇게 중요한지 설명하라(1:2-5).

4. 바울 사도는 로마에 있는 자들이 복음을 받았다고 말하였다. 바울 사도는 이 점에 대해 어떻게 느꼈을 것으로 생각하는가(1:7)? 그 이유는 무엇인가(힌트: 로마는 그 당시의 세계를 제패한 나라였다는 점을 유의해 보고 이 문제의 해답을 생각하라)? 이로 보건대 우리는 복음에 대하여 어떤 생각을 가져야 하는가? 복음을 받기 가장 어렵지만, 반드시 복음을 받아야 할 사람과 나라를 정하고, 이를 서로 나누기 위하여 기도하라(1:6-7).

5. 바울 사도는 로마의 그리스도인들을 생각하며 두 가지를 말했다. 첫째는 그들이 복음을 들은 것에 대하여 하나님께 감사드렸고, 둘째는 그들을 만나기를 고대(苦待)한다는 것이었다. 왜 바울 사도가 그런 마음을 가졌다고 생각하는가? 우리는 어떻게 하면 바울과 같은 마음을 가질 수 있는지 서로 의견을 나누어 보라(1:8-13).

6. 본문을 통해 바울 사도의 복음에 대한 열정을 다음 세 가지로 요약할 수 있다.

나는 복음에 대해 모든 사람에게 빚진 자이다(14 절).
나는 할 수 있는 대로 모든 사람에게 복음을 전파하기 원한다(15 절).
나는 복음에 대하여 부끄러워하지 않는다(16 절).

어떻게 우리도 그런 마음을 가질 수 있는지 서로 의견을 나누고, 자신들도 그런 자세를 가질 수 있도록 결단하라. 또 결단한 내용을 서로 나누어 보라.

7. 1:16-17은 로마서 전체의 주제 구절이다. 또한 이 부분은 복음의 위력과 범위와 효과에 대하여 말하고 있다. 이 점에 대하여 서로 토의하고, 이 구절과 세계 복음화의 연관성에 대해 서로 의견을 나누어 보라. 그리고 앞으로 이 구절을 자신의 생애에 어떻게 적용할지에 대한 계획을 서로 나누고 기도하라.

8. 이 과를 공부한 후 자신이 실천하기로 한 것 세 가지를 기록하고 실천계획을 서로 나누어 보라.

나의 기도

하나님 아버지, 영적으로 큰 죄인이었던 저에게 복음을 알게 해 주셔서 감사합니다. 선교사들과 복음 전도자들을 보내주시고, 교회를 세워주신 것 또한 감사합니다. 이제는 우리나라가 다른 사람들과 다른 나라에 복음을 나누어줄 수 있는 데까지 성장하게 해 주셔서 감사합니다. 복음이 그렇게 엄청난 위력을 가진 것에 대해서도 감사합니다. 그뿐만 아니라 세상 모든 사람을 구원하고도 남음이 있는 능력이 있다는 것을 새삼스럽게 깨닫고 이런 복음을 주신 하나님께 영광을 돌립니다. 이제 이 복음을 우리만 가지고 있거나 우리만 복 받는 삶을 살지 않고 세계의 모든 사람에게 전하게 해 주옵소서. 저희 마음속에 복음에 대한 열정과 세계를 향해서 복음을 전하고자 하는 의욕이 더 일어날 수 있도록 도와주옵소서. 그래서 바울 사도가 복음의 능력을 보고 전 세계를 향해서 복음을 전하고 싶은 마음을 가졌던 것처럼 우리도 같은 마음을 품을 수 있게 해 주시옵소서. 예수님의 이름으로 기도합니다. 아멘.

2

이방인의 범죄의 사실

로마서 1:18-32

먼저 성경 본문을 여러 번 읽으시오.

이 과를 공부함으로써 죄의 심각성(深刻性)과 복음의 심오성(深奧性)이 더욱 드러나게 될 것이다. 인간이 얼마나 깊은 죄에 빠졌고, 그 죄로 인해 우리가 얼마나 비참한 상태에 처하게 되었는지 밝혀짐에 따라서 복음의 진가(眞價)도 더욱 잘 알게 됩니다. 하나님께서는 자연을 통해서도 하나님의 존재에 대해 어느 정도는 알 수 있게 하셨다. 그러나 인간들은 자연만 보고서는 순순히 하나님께 돌아와 복음을 받아들이지 않을 뿐만 아니라, 구원을 받을 수도 없고, 오히려 각종 우상을 섬기는 것을 볼 수 있다.

하나님께서는 이들이 회개할 때까지 기다리신다. 그러나 이들은 자신들에게 주어진 자유의지(自由意志)를 가지고 마음대로 행하는 것을 볼 수 있다. 그 결과 하나님의 진노의 대상이 된 인간의 상태를 바울사도는 다음 세 가지로 설명하고 있다. 첫째로 "하나님께서 그들을 마음의 정욕대로 더러움에 내버려 두사"(1:24), 둘째로 "하나님께서 그들을 부끄러운 욕심에 내버려 두셨으니…"(1:26), 셋째로 "하나님께서 그들을 그 상실한 마음대로 내버려 두사…"(1:28)가 바로 그런 상태를 잘 설명하고 있다. 그런 상태에 처한 사람들이 각종 죄를 범하게 되는 것은 자명(自明)한 사실이다. 그리고 하나님께서는 범죄한 인간에게 심판을 내리시는 것은 당연할 수밖에 없다.

가. 자연을 통해 나타난 하나님의 의에 대한 인간의 그릇된 반응(1:18-23)

인간의 죄에 대한 하나님의 진노(1:18)

하나님께서는 아무 이유 없이 사람들에게 진노하지 않으신다. 하나님께서는 공의로우시므로 우리가 범한 죄에 대하여 심판하시고 형벌을 내리신다. 아담 이후 모든 인간은 날 때부터 죄인이기 때문에 불의를 행하였다.

인간이 핑계 댈 수 없는 이유(1:19-20)

창세기 저자는 하나님께서 태초에 천지를 창조하셨다고 기록하였다(창 1:1). 따라서 자연 가운데에도 당연히 하나님의 "영원하신 능력과 신성"이 나타날 수밖에 없다. 이는 마치 예술작품에 작가의 성품이 나타나는 것과 같다. 따라서 우리가 종종 아름다운 경치, 좋은 날씨, 아주 정교하게 창조된 피조물 등을 볼 때 이를 만드신 하나님을 생각하게 된다. 이러므로 바울 사도는 인간이 하나님을 모른다고 핑계를 댈 수 없다고 단언하고 있다. 바로 이와 같은 점이 우리가 결코 핑계를 댈 수 없는 이유이다.

참고

하나님께서 자신을 나타내시는 방법(계시)

하나님께서는 크게 나누어서 창조의 세계(자연)와 성경 말씀, 이 두 가지 방법을 통해 하나님의 신성을 나타내십니다. 여기서는 자연을 통해서 하나님의 신성을 나타내시는 것을 말씀하고 있다. 그러나 우리는 자연을 통한 방법만으로는 구원을 받을 수 없다. 우리는 성경에 계시된 말씀을 통해서만 구원에 도달하는 하나님의 지식을 알 수 있다.

인간이 범죄한 후 에덴동산에서 쫓겨나는 비극이 있었다(창 3:23, 24). 그러나 하나님께서는 인간이 범죄한 순간에도 "네가 어디 있느냐"라고 하시며 아담을 찾으셨다. 지금도 계속 자연(롬 1:20)을 통해, 양심(롬 2:15)과 율법(롬 2:18)을 통해, 그리고 그리스도 자신을 통해(롬 3:21, 22) 죄인들을 찾고 계신다.

인간의 그릇된 반응(1:21-23)

우리는 자연을 통해서 하나님에 대하여 깨달았을 때 마땅히 다음의 두 가지 반응을 보여야 했다. 첫째로 하나님께 영광을 돌려야 했다. 이는 우리 자신을 포함한 모든 것을 하나님께서 창조하셨고, 따라서 마땅히 하나님께서 모든 것의 주인이시기 때문이다. 둘째로 감사해야 했다. 하나님께서 우리를 만드시고 우리에게 자연을 다스리고 사용하도록 혜택을 베푸셨기 때문이다(창 1:26-31).

안타까운 점은 인간들이 하나님의 뜻과는 정반대로 "그 생각이 허망하여지며 미련한 마음이 어두워져서" 그릇된 반응을 보였다. 스스로 지혜 있다고 생각했지만, 실상은 스스로 어리석게 되어 버렸다. 그 결과 가장 무서운 죄를 범했으며, 자신과 만물을 창조하신 하나님을 섬기지 않고, 오히려 하나님께서 만드신 피조물들(우상들)을 섬기기 시작한 것이다. 이로써 인간은 하나님께서 하나님 이외는 절대로 섬기지 말라고 하신 최고의 계명을 어기게 되었다.

참고

타종교에 대한 그리스도인의 자세

종교는 자연 속에 나타난 하나님의 피상적인 모습 때문에 생겼다고 볼 수 있다. 인간은 창조되었을 때부터 하나님만이 채워줄 수 있는 하나님을 향한 갈급함(영적 진공, spiritual vacuum)을 가지고 있었다. 이 때문에 하나님을 알지 못하면 나름대로 신(神)을 추구할 수밖에 없었다. 그 결과 자연스럽게 종교가 생겨났다. 성서적 관점에서 볼 때 일반 종교는 다음 세 가지 요소를 갖고 있다.

① 자연 가운데 나타난 계시의 일부를 갖고 있다(롬 1:20).

② 하나님에 대하여 왜곡된 관(觀)을 가지고 있다.

③ 사단의 영향을 받을 수 있다.

따라서 우리는 일반 종교를 믿는 사람들을 대할 때 ①번에서 볼 수 있는 것처럼 그들 자신이 알고 있는 자연 계시를 통해 나타난 진리는 인정하고 존중하며 겸손히 배울 것은 배워야 한다. 반면에 ②, ③번에 대하여서는 경각심을 가지고 거부하며, 하나님의 말씀에 나타난 진리로 대치해야 한다. 이런 원리에 따라 타종교인과 대화를 하되, 언제나 ②, ③번에 대해서는 양보하지 말고 오히려 상대방이 회개하도록 최선을 다해야 한다. 이를 전문적인 용어로 "엘링틱스"(죄를 회개하도록 도전하는 것을 포함한 대화)이라고 부른다.

참고[1]

타종교에 대한 세 가지 입장

① **유일주의(Exclusivism)**: 자연계시를 통해서는 결코 하나님께 나아갈 수 없고, 하나님의 특별계시인 예수 그리스도를 통해서만 하나님과 만날 수 있다는 주장이다.

② **포용주의(Inclusivism)**: 타종교에 나타나는 구원의 진리 역시 우주 가운데 나타난 '그리스도'에 관한 것이라는 주장이다. 이 경우 타종교인들에게 전도할 필요성을 느끼지 않는다. 그 이유는 그들도 결국 '우주 가운데 계신 그리스도'(cosmic Christ)를 통해 구원받을 것이라는 주장 때문이다. 이런 입장을 고수하는 사람들은 타종교인들을 소위 '익명의 그리스도인'(anonymous christian)이라고도 한다.

③ **다원주의(Pluralism)**: 모든 종교가 다 하나님께로 가는 길이라는 주장이다. 세계는 포스트모던 시대(Post-modernism)를 맞이하여 절대적인 진리를 거부하고 상대적인 입장을 선호함에 따라 다원주의가 선호되고 있다.

우리는 당연히 ①의 뜻을 고수하되, 하나님께서 만드신 자연 가운데에서도 하나님에 대한 진리를 어느 정도 찾아볼 수 있다는 점을 아울러 인정해야 한다. 다만 자연 가운데 나타난 진리만으로는 구원을 받을 수 없음을 명백히 밝혀야 한다. 이런 입장에서 타종교를 믿는 사람의 인격은 존중하되 그들이 구원받을 수 있도록 최선을 다해야 한다.

---

1 Herold Netland, "선교신학과 선교훈련에 있어서의 쟁점들," 「현대선교」 11 (1997): 31-144; Edward Rommen, 「영적능력과 선교」, 정흥호 역 (서울: 목양, 1997); 더 깊은 종교신학에 관한 연구는 다음을 참고할 것. Timothy C. Tennent, *Invitation to World Missions: A Trinitarian Missiology for the Twenty-first Century* (Grand Rapids, MI: Kregel, 2010), 195-205; Gerald R. McDermott & Harold A. Netland, *A Trinitarian Theology of Religions: An Evangelical Proposal* (New York: Oxford University Press, 2014), 12-14. CLC 에서 『복음주의 관점에서 본 삼위일체 종교신학』이라는 제목으로 번역되어 2022 년에 출판되었다.

나. 인간에게 나타나는 하나님의 진노와 인간이 처해있는 현 상태(1:24-32)

마음의 정욕대로 내버려 둔 상태(1:24-25)

하나님의 진노와 심판은 인간들이 자기의 욕심에 따라서 살도록 "내버려 두는" 것으로 나타났다. 이런 사실도 모르고 그들은 마치 죄를 지을 자유를 얻은 것처럼 서로에게 저속한 행동들을 하게 되었다. 심지어는 우상을 하나님보다 더 숭배하게 되었다. 우리는 영원히 경배받으실 분은 하나님 한 분뿐이라는 점을 끝까지 잊지 말아야 한다. 아울러 우리가 짓는 모든 죄는 그 경중(輕重)을 막론하고 반드시 심판을 받게 될 것이라는 사실을 확실히 알아야 한다.

부끄러운 욕심에 내버려 둔 상태(1:26-27)

하나님을 떠나게 되면 인간은 자신들의 욕심과 정욕에 따라서 온갖 더러운 일들을 하게 된다. 하나님께서 주신 뜻대로 사용되었다면 고귀하였을 성(性)이 지금은 욕망을 채우기 위한 수단으로 전락하였다. 남자가 여자를, 여자가 남자를 함부로 성적 노리개로 사용한다. 심지어는 남자끼리 또는 여자끼리 성행위를 하므로 이미 엄청난 대가를 치르게 되었다.

상실한 마음대로 내버려 둔 상태(1:28-32)

인간은 하나님을 마음에 모셔야 한다. 그렇지 않으면 마음이 공허하고, 실망과 욕구불만으로 가득 차게 된다. 이런 사람들은 결국 하나님께서 만드신 인간에게는 합당치 않은 짓을 저지르게 된다. 본문에는 이렇게 인간이 하나님을 경배하지 않을 때 저지르는 죄들의 예(例)가 나와 있다. 비극적인 사실은 이런 죄를 짓는 사람이 자신이 죄인인 줄 알지 못하는 것은 물론이고, 자기들끼리 서로 옳다고 인정하는 것이다.

힌트

내버려 두사(gave them over[NIV], 24절): 이는 하나님께서 무능하셔서 방치하신 것이 아니라, 하나님께 영광 돌리지 않고 우상을 숭배한 그들의 죄 때문에 회개할 때까지 버리셨음을 말한다. 하나님을 떠나서 사는 상태가 곧 하나님께 심판받은 것이다. 이들은 현 세상에서도 하나님의 진노 가운데 살 뿐 아니라, 죽은 후에도 심판과 진노를 받게 된다(히 9:27). 지금까지 수많은 문화권과 사회가 인간의 죄 때문에 파괴되었다. 역사적으로 어떤 이들은 일곱 가지 무서운 죄들을 교만, 시기, 분노, 게으름, 욕심, 정욕, 그리고 원한이라고 보았다. 하지만 모든 죄는 죄라는 면에서는 다 같이 위험한 것이며 하나님께서 혐오하신다는 사실을 잊지 말아야 한다.

워크숍

1. 본문을 여러 번 읽고 본문이 우리에게 말씀하고자 하는 것을 한 문장으로 요약해 보라.

2. 하나님은 공의로우시므로 인간의 불의에 진노하신다. 하나님의 진노가 구체적으로 어디에 나타나는지, 내가 그 대상이 되지는 않는지 생각해 보고 서로 나누어 보라(1:18).

3. 만일 우리가 하나님에 대해 듣지 못했기 때문에 하나님께서 우리에게 진노하시는 것이 부당하다고 말한다면, 바울 사도는 이에 대해 무엇이라고 대답할 것 같은지 나누어 보라(1:19-23).

4. 현재 우리는 하나님과 복음에 대하여 얼마든지 들을 수 있다. 자연을 통해 하나님에 대해 깨닫는 것도 도움이 되지만 직접 성경을 읽거나 타인의 증거를 통해 하나님에 대해 듣는 것과는 비교할 수 없다. 만일 이런 특권을 누리면서도 하나님을 거부한다면 하나님께서는 어떻게 생각하실 것이라고 보는가(1:19-23)?

5. 인간이 하나님을 경배하지 않고 하나님의 뜻대로 살지 않을 때 하나님께서는 인간을 "내버려 두사" 자신들의 욕심에 따라서 살게 하셨다. 위의 상태에서 나타나는 죄의 예들과 그 심각성을 서로 나누어 보라(1:24-32).

6. 이 과를 공부하며 자신이 깊이 깨달은 점 세 가지를 서로 나누어 보라.

적용

자신의 상태에 따라서 해당하는 곳에 ○표를 하고 그 내용대로 기도하라.

죄 목록	1 (정상 ←)	2	3	4	5	6	7	8	9	10 (→ 비정상)
몸을 서로 욕되게 함(성적 죄)										
역리로 성을 사용(변칙적인 성적 범죄)										
불 의										
추 악										
탐 욕										
악 의										
시 기										
살 인										
분 쟁										
사 기										
악 독										
수군수군 하는 것										
비 방										
하나님을 미워하는 것										
능 욕										
교 만										
자 랑										
악을 도모										
부모를 거역										
우매함										
배 약										
무 정										
무 자 비										
악한 일을 옳다고 인정함										

나의 기도

하나님, 저는 이러한 죄를 품고 사는 죄인입니다. 하나님의 진노가 이미 제게 내려져 있는 것을 알았습니다. 저의 죄를 용서하시고 구원하여 주옵소서. 하나님 아버지, 예수 그리스도께서 십자가상에서 흘리신 보혈 때문에 이런 죄를 용서하시고 새로운 피조물로 만들어 주시는 것에 대해 감사드립니다. 제가 이런 죄 가운데 빠지지 않는 생활을 할 수 있도록 도와주옵소서. 예수님의 이름으로 기도합니다. 아멘.

3

도덕적인 사람들의 범죄의 사실

로마서 2:1-16

먼저 성경 본문을 여러 번 읽으시오.

바울 사도는 본문에서 소위 양심적이라고 불리거나, 또는 도덕적으로 흠 없이 살고 있다는 사람들에 대해서 말씀하고 있다. 이방인이나 유대인들 중에 이런 사람들이 많이 있었다. 하지만 소위 양심적이라고 불리는 이들 역시 죄인이라고 말씀하였다. 이런 사람들은 인간의 기준으로 보았을 때는 좀 나은 것 같지만 하나님의 기준에는 턱도 없이 미치지 못한다는 사실을 명확하게 지적하고 있다.

그들은 사람들의 불의를 지적하면서도 그들과 똑같은 죄를 짓고 있다. 따라서 바울 사도는 그들을 이방인들 못지않게 혹독하게 꾸짖었다. 바울 사도는 그들의 "고집과 회개하지 아니한 마음"(2:5) 때문에 "하나님의 의로우신 심판이 나타나는 그 날에 임할 진노를 네게 쌓는도다"라고 책망했다. 하나님은 공의로우시므로 불의한 자는 불의한 대로 도덕적인 자는 도덕적인 대로 판단하신다. 먼저는 유대인 그다음은 헬라인에게 공정하게 심판을 내리신다. 반면에 선(善)을 행하는 각 사람에게도 "영광과 존귀와 평강"을 주시되 첫째는 유대인에게, 그다음에는 헬라인에게 공평하게 주신다.

가. 도덕적인 사람들에게도 예외 없이 임하는 하나님의 심판(2:1-5)

도덕적인 사람들의 범죄의 사실(2:1-3)

1:18-32 에서 이방인들의 노골적인 범죄에 대한 하나님의 진노를 말씀하였다면, 이 부분은 도덕적으로나 외적으로 큰 문제가 없는 것 같은 사람들의 죄에 관한 것이다. 이런 사람들은 주로 유대인들이었을 것이다. 일반적으로 도덕적인 사람으로서 하나님의 심판을 받을 필요가 없다고 주장하는 사람들도 여기에 포함될 수 있다.

그들도 똑같이 죄를 범했기 때문에 하나님의 진노는 예외 없이 내려진다. 그들이 비판했던 것처럼 자신들도 비판받고 심판을 받게 될 것이다. 상대적으로 보았을 때는 도덕적인 사람이 그렇지 않은 사람보다 나을지 모르지만, 진리에 비추어 보았을 때 모두가 하나님의 심판을 모면할 수 없다.

도덕적인 사람들의 범죄의 성격(2:4-5)

소위 도덕적이라는 사람들은 회개하기가 더 어려울 수 있다. 자신들은 깨끗하다고 생각하기 때문에 자신의 의(義)를 내세우게 된다. 예수님 당시의 바리새인들과 서기관들이 바로 이런 사람들이었을 것이다. 이들은 가장 극렬(極烈)하게 예수님과 바울 사도를 공격했고, 하나님의 은혜를 거부했다. 도덕적인 사람들도 하나님 앞에서는 죄인이다. 이들도 이런 사실을 인정하고 회개하고 하나님의 은혜를 받아야 한다. 그렇지 않을 경우 "고집과 회개치 아니하는 마음" 때문에 하나님의 엄한 진노를 피할 길이 없을 것이다.

나. 모든 사람에게 내려지는 하나님의 공의로우신 심판(2:6-11)

하나님의 심판은 매우 정확하고 공정하다. 열심히 하나님을 찾고 회개한 후 훌륭하게 신앙생활을 한 사람은 하나님께서 반드시 상을 주실 것이다. 영생과 함께 그들이 드린 모든 희생에 대해 보상하실 것이다. 반면에 진리를 거부하고 온갖 죄를 지은 사람은 반드시 하나님의 심판과 형벌을 받을 것이다. 바울 사도는 유대인과 헬라인이 모두 예외 없이 심판받는다는 표현을 두 번이나 사용했다. 이 말은 곧 만민을 심판하신다는 뜻이다. 당시에는 사람들을 유대인과 그 이외 사람들로 구분했다. 그 이외 사람들은 보통 헬라인으로 표현했다.

다. 하나님의 심판과 율법과의 관계(2:12-16)

심판 기준으로써의 율법(2:12-13)

유대인들은 율법을 받은 사람들이었다. 그러면 율법을 받지 못한 사람들은 심판을 모면하게 되는가? 성경은 그렇지 않다고 말씀하고 있다. 율법이 없는 사람도 자신의 범죄에 대하여 심판을 받고, 율법이 있는 사람은 율법으로 말미암아 심판을 받을 것이다. 하나님 앞에서는 율법을 가지고 있다고 해서 의인이 아니고, 오직 율법을 행하는 사람만이 의롭다 하심을 얻는다. 그러나 율법을 하나도 어기지 않고 지킬 수 있는 사람은 전혀 없다. 바울 사도의 요지는 모든 사람이 죄인이라는 것이다. 이렇게 하나님은 모든 사람을 심판하시되 공의롭게 하신다. 이것이 하나님의 심판에 대한 일반적인 원리이다.

심판 기준으로써의 양심(2:14-16)

율법이 없는 이방인들에게는 마음속의 양심이 비록 제한적으로나마 율법의 역할을 하게 된다. 따라서 범죄하면 양심을 통해 그 사실을 알게 된다. 최종적으로 하나님께서는 주님이 재림하시는 날 예수님을 통해서 모든 은밀한 것들을 심판하실 것이다.

워크숍

1. 소위 도덕적이라고 주장하는 사람들을 죄인이라고 선고한 이유를 한마디로 말해 보라(2:1).

2. 하나님께서는 고집 피우고 회개하지 않는 것을 몹시 싫어하신다. 이런 사람이 받을 형벌에 대해 서로 나누고, 우리는 과연 이런 죄와 무관한지 서로 나누어 보라(2:4-5).

3. 하나님께서는 어떤 원칙에 따라서 심판하시는지 정리해 보라. 이런 원리에 따라서 자신을 스스로 평가해 보고 이를 서로 나누어 보라(2:2, 5, 6, 11).

4. 하나님께서는 심판만 하시는 것이 아니라 선행에 대해서는 상을 주신다. 주님 오시는 날 하나님께서 우리를 심판하시고 상 주실 것을 생각하면 지금 의롭게 살며, 선을 행할 의욕이 생길 것이다. 이 말씀을 통해 서로 의롭게 살 수 있도록 격려하라(2:7, 10-11).

5. 율법과 양심은 어떤 의미에서 비슷한 면이 있다. 율법 아래 있는 사람(유대인들)은 율법에 비추어, 율법 없는 사람(유대인 이외 모든 인류)은 양심에 비추어 각각 자신이 죄인임을 알 수 있다. 율법과 양심에 따라 부끄러움이 없는 사람은 복된 사람이다. 율법과 양심에 비추어 본 우리 마음은 어떤지 서로 나누어 보라(2:12-16).

6. 이 과를 통해 하나님께서 자신에게 말씀하신 것 가운데 가장 중요한 것 세 가지를 순서대로 나누어 보라.

나의 기도

하나님 아버지, 다른 사람들과 비교해 보았을 때는 그래도 괜찮은 것처럼 느껴졌지만, 하나님의 말씀에 따라 보았을 때 우리 속이 얼마나 어둡고 더러운가를 알게 해 주셔서 감사합니다. 또한 우리 양심은 믿을 수 없다는 사실도 알려주셔서 감사합니다. 우리는 유대인들보다 더하면 더했지, 덜하지 않은 죄인이라는 사실을 알았습니다. 고집과 회개치 않는 마음에서 돌이키게 해 주시고 저희의 마음속에 빛을 비춰 주시옵소서. 저희의 마음속에 하나님의 은혜를 부어주셔서 우리의 노력으로 하나님께 가려고 하지 않게 해 주옵소서. 오히려 우리가 커다란 죄를 지었거나, 혹은 겉으로 보기에는 별로 죄를 짓지 않은 것처럼 보일지라도 똑같은 죄인이라는 사실을 깨닫고, 우리 죄를 회개하고 하나님의 은혜의 팔에 안길 수 있게 도와주시옵소서. 예수님의 이름으로 기도합니다. 아멘.

4

유대인의 범죄의 사실

로마서 2:17-3:8

먼저 성경 본문을 여러 번 읽으시오.

지금까지 바울 사도는 이방인들은 물론이고 심지어 도덕적인 사람들도 죄인이라는 사실을 입증하였다. 이제 바울 사도는 율법을 받은 사람들이라고 자랑하는 선민들, 곧 유대인들 역시 죄인이라고 말씀하고 있다. 그는 무엇보다도 먼저 율법을 받은 것 자체가 의인이 되었다는 뜻이 아니라고 못 박았습니다. 유대인들은 율법이 무엇을 가르치고 있는지를 잘 알면서도 그것을 스스로 범했다. 따라서 유대인들은 율법을 통해 자신들이 죄인이라는 사실을 입증했다. 또한 할례에 대해서도 마찬가지이다. 유대인들은 할례를 선민의 표로 사용해 왔다. 그러나 그것이 그들의 속사람까지는 변화시키지 못하였다는 점을 지적하였다. 따라서 할례는 단지 외적인 치장에 불과하다고 주장하였다.

바울 사도는 마음으로 회개하여 참된 하나님의 사람이 되는 것이 외적인 할례보다 오히려 더 중요하다고 말했다. 표면적인 할례보다는 마음의 할례가 중요한 것이다. 이런 이유로 유대인들도 할례를 받은 것과 상관없이 다른 이방인들과 똑같이 죄인이라고 선언하고 있다. 반면에 유대인의 유익한 점도 지적하고 있다. 바울 사도는 유대인이 하나님의 말씀을 맡은 그 자체가 엄청난 유익이라고 말했다.

그 밖에도 바울 사도는 본문에서 여러 가지 궤변적인 이의(異議)에 대해서도 답변하고 있다. 만일 우리의 범죄로 인해 하나님의 의가 더욱 드러났다면 우리가 좋은 일을 한 것이 아니냐는 엉뚱한 질문에 대해서 절대 그렇지 않다고 대답했다. 하나님께서는 속속들이 선하시며 쓰시는 방법과 그 결과도 모두 선하다. 따라서 바울 사도는 선한 방법이 아닌 그 어떤 것을 통해서도 하나님께 영광을 돌릴 수 없다고 선언하고 있다.

가. 행함에 도움을 주지 못하는 율법의 한계성(2:17-24)

유대인의 자만심(2:17-18)

바울 사도 당시의 유대인들은 매우 교만하고 스스로 자랑스럽게 여겼다. 이들은 율법을 받은 선민으로서 자부심이 매우 강했다. 그리고 자신들이 율법의 교훈을 받아 하나님의 뜻을 알뿐만 아니라, 지극히 선한 것을 좋게 여긴다고 생각했다. 이에 대해 바울 사도는 그들의 잘못된 점의 정곡(正鵠)을 찔러서 거짓됨을 폭로하고 있다.

유대인의 맹점(2:19-22)

유대인들은 자신들이 다음과 같은 사명이 있다고 생각했다. 첫째, 하나님에 대하여 아무것도 모르는 사람들을 인도할 수 있고, 둘째, 하나님의 계시를 받지 못한 사람들이 진리를 알게 할 수 있다고 보았다. 셋째, 하나님에 대하여서는 어린아이 같은 이방인에게 선생의 역할을 할 수 있다고 보았다.

문제는 이들이 이런 역할을 하지 못하는 것은 물론이고, 오히려 자신들이 죄라고 가르치고 있는 죄들을 스스로 범했다. 이들은 도적질, 간음, 우상숭배, 신전의 물건을 훔치는 죄들을 다반사로 저질렀다. 이로 보건대 유대인들도 위선자이며 죄인들이었다.

유대인들이 자랑하지 못하는 이유(2:23-24)

율법은 제대로 행할 때 비로소 그 효력이 나타난다. 그러나 유대인들은 율법을 자랑할 뿐 행하지 못함으로써 오히려 하나님을 욕되게 하였다. 바울 사도는 유대인들의 이런 위선 때문에 자기들끼리는 물론 이방인 사이에서도 하나님의 이름을 욕되게 하였다고 지적하였다. 결국 하나님의 도우심이 없이는 그들 스스로 율법을 행할 수 있는 능력이 없고, 아무리 율법을 자랑한다 해도 그들도 역시 죄인에 불과하다.

나. 변화에 도움을 못 주는 할례의 무익성(2:25-29)

할례의 무익성(2:25-27)

유대인들은 율법 외에도 할례를 매우 자랑하였다. 할례는 원래 하나님을 믿은 사람들의 표시로 행하는 의식이었다. 아브라함이 처음 할례를 받았을 때도 그가 믿음을 가졌기 때문에 그것을 확증하고 외적으로 나타내기 위해서 이 의식을 행하였다. 그러나 유대인들은 할례를 받으면 자연히 하나님의 백성이 된 것으로 오해했다.

바울 사도는 바로 이런 잘못된 생각을 본문에서 지적하고 있다. 율법을 지킬만한 능력이 없이 할례만 받아서는 소용이 없고, 사람 자체가 변해야 한다고 말씀하고 있다. 사람은 변하지 않고 의식만 행했다고 해서 그 사람이 온전한 하나님의 사람이 된 것은 아니다. 따라서 유대인들도 죄인일 수밖에 없다.

힌트

> **할례**: 할례는 유대인들이 선택된 백성임을 입증하기 위하여 남성의 양피(陽皮)를 베는 종교적 의식(창 17:12-14)이다. 유대인들이 가장 자랑스럽게 생각하는 것 중에는 '율법'과 '할례'가 있었다. 하지만 바울 사도는 2:17-24 에서 율법을 어기고 범죄하는 유대인의 현실에 대해 말했다. 곧이어 그는 '할례' 역시 무익함을 주장하고 내적 변화가 없는 외적 의식은 무의미하여서 할례로는 하나님께 나아갈 수 없다고 하였다.

참된 할례(2:28-29)

바울 사도는 본문에서 할례의 의미를 다르게 사용하였다. 즉, 유대인들은 외적인 표지(標識)로 할례를 행했지만, 그는 마음의 변화를 상징하는 할례, 소위 마음의 할례에 대해 말하였다. 비록 외적인 할례의식을 행하지 않았지만, 마음이 변화되어서 하나님을 사랑하는 사람이 되었을 때, 그것은 마치 마음에 할례를 받은 것과 같다는 것이다. 이런 사람들을 "이면적 유대인"이라고 했다. 형식적으로 할례를 받고 자신이 선민이라고 주장하는 사람들과 다르다는 의미이다. 유대인과 이방인들 가운데 하나님을 진심으로 믿는 사람들이 "이면적 유대인"들에 속한다. 이런 사람들은 하나님과 사람에게 칭찬을 받을 것이다.

다. 유대인들의 주장의 허구성과 유대인들의 궤변에 대한 논리적인 답변들 (3:1-8)

그 당시 유대인들은 바울 사도의 주장에 대해 여러 가지로 공격했다. 첫 번째는 "유대인의 나음이 무엇인가"라는 질문이었다. 이에 대해서 바울 사도는 유대인들에게는 엄청난 유익이 있다고 말했다. 그중에서도 특히 하나님의 말씀을 받았다는 것은 매우 큰 특권이라는 것이다.

두 번째로 "비록 하나님께서 유대인들에게 하나님의 말씀을 주셨으나 그들에게 믿음까지 주시지 않은 것은 하나님이 신실하지 못하시기 때문이 아니냐"는 질문에 대해서 바울 사도는 다음과 같이 이를 정면으로 부인했다. 하나님은 참되시고 누구에게도 비난이나 심판을 받는 분이 아니시라고 주장했다.

세 번째로 "우리가 이렇게 믿지 않는 것 때문에 하나님이 더 돋보이게 되시지 않았는가"라는 궤변(詭辯)에 대해서도 바울 사도는 다음과 같이 아주 명확하게 답변하고 있다. 하나님은 인간과 같지 않아 속속들이 미쁘시며, 사람은 자신을 돋보이려고 술수(術數)를 쓸지 몰라도 하나님은 그러실 필요가 없다는 것이다. 하나님은 본질적으로 의로우시므로 어떤 판단도 받지 않으시고 오직 피조물들을 심판하시는 분이시다.

네 번째는 "우리의 불의가 하나님의 의를 드러나게 한다면 어떻게 우리를 책망할 수 있겠는가"라는 질문이었다. 바울 사도는 그것 역시 논리적으로 보아도 타당치 않다고 대답한다. 즉, 진노를 내리시는 하나님께서 결코 불의할 수 없다는 것이다. 만일 불의하시다면 불의한 인간을 심판하실 수 없기 때문이다.

다섯 번째는 "나의 거짓말로 하나님의 참되심과 영광이 더욱 드러난다면 왜 내가 심판을 받아야 하는가"라는 질문이었다. 하나님은 인간의 도움 없이도 완전히 참되시며 영광스러운 분이시라고 바울 사도는 대답한다.

여섯 번째로 "선을 이루기 위하여 악을 행하자"는 궤변도 있었을 것이다. 여기에 대해서도 바울 사도는 하나님은 선하시기에 불의한 방법으로 하나님을 영화롭게 할 수 없다고 주장하였다. 오히려 이렇게 말하는 자들이 당연히 정죄를 받아야 한다고 주장한다. 바울 사도는 거의 모든 가능한 질문에 대해서 답변했다. 이 모든 것을 통한 바울 사도의 결론은 이방인도, 도덕적인 사람도, 그리고 유대인도 피할 수 없는 죄인들이라고 결론을 맺었다.

워크숍

1. 현대 교인들을 유대인들과 비교해 보라. 어떤 유사점들을 발견할 수 있는가(2:17-18)?

2. 바울 사도는 유대인들이 죄인이라는 사실을 명확하게 지적했다. 과연 우리 자신은 어떤가를 평가해 보기 바란다(2:19-22).

3. 유대인들은 하나님의 백성답게 살지 못했다. 우리는 과연 하나님의 백성다운가에 대해 서로 나누어 보라(2:23-24).

4. 만일 우리가 형식적인 그리스도인이라면 마치 할례가 유대인에게 무의미했던 것같이 교인이라는 지위도 우리에게 무의미하다. 이런 경우 우리에게 꼭 필요한 것이 무엇인지 본문을 통해 알아보고 이를 서로 나누어 보라(2:25-29).

5. 유대인들이 제기했던 여러 가지 이의(異意)에 대하여 서로 나누어 보라. 아울러서 현대인에게는 어떤 의미를 주는가에 대해서도 서로 나누어 보라(3:1-8).

8. 이 과에서 얻을 수 있는 교훈을 세 가지만 들고 이를 실천할 수 있는 계획을 세우라.

나의 기도

하나님, 저를 옳은 길로 인도하여 주시옵소서. 저의 의(義)로는 하나님께 나아갈 수 없음이 명백합니다. 그렇다면 저의 구원의 길이 어디에 있는지 알려 주시옵소서. 예수님의 이름으로 기도합니다. 아멘.

5

온 인류의 범죄의 사실

로마서 3:9-20

먼저 성경 본문을 여러 번 읽으시오.

이 부분이야말로 바울 사도가 죄에 대해 최종적으로 내린 결론이라고 할 수 있다. 바울 사도는 여기서 죄의 보편성(普遍性)과 심각성(深刻性)에 대해 말하고 있다. 지금까지 바울 사도는 유대인이나 이방인들뿐 아니라 도덕적인 사람들도 역시 죄인이라고 말하였다. 또한 하나님의 은혜를 떠나서는 율법과 할례가 죄에 관한 한 유대인들에게도 백해무익(百害無益)하다는 논리를 통해서 그들도 역시 죄인이라는 사실을 선포했다. 그는 본문을 통해 한 번 더 모든 사람이 죄인이라는 사실을 명확히 함으로써 결론을 맺는다. 바울 사도는 먼저 다음과 같은 질문을 통해서 이를 입증했다.

> 그러면 어떠하냐 우리는 나으냐 결코 아니라 유대인이나 헬라인이나 다 죄 아래 있다고 우리가 이미 선언하였느니라(3:9).

여기서 '우리'의 의미가 매우 중요하다. 학자들은 유대인을 의미한다고 하는 쪽과 그 밖에 이방인을 의미한다고 하는 쪽으로 나뉜다. 하지만 여기서는 바울 사도 역시 유대인이므로 자신을 포함하여 '우리'라는 말을 썼을 것이다. 또한 3:2 에서 유대인이 나은 점도 있다고 말한 것에 대한 보충 설명으로 봐야 할 것이다. 3:2 에서 율법을 받은 것이 유대인의 나은 점이라고 말했지만, 여기에서는 율법을 받았음에도 불구하고 죄인이라고 함으로써 앞에서 말씀한 내용에 대해 보완 설명을 한 것이다.[1]

결론적으로 바울 사도는 유대인이나 헬라인이나 다 죄 아래 있다고 못을 박은 것이다. 따라서 이방인이든 유대인이든 죄를 스스로 해결할 수 없을 뿐 아니라, 율법과 같은 다른 방법으로도 해결할 수 없다고 선언하였다.[2] 여기까지 공부하면서 자신이 죄인이란 사실을 깨닫지 못했다면 그것은 아마 마음이 너무 어둡고 각박(刻薄)해져서 하나님을 찾고자 하는 의욕을 잃은 것이라고 볼 수 있다. 설사 그렇다고 해도 그와 같은 자신의 상태에 대해 스스로 포기하지 말고 하나님의 긍휼을 구하며 더 많은 사람에게 자신을 위해 기도해달라고 부탁해야 한다.

가. 유대인도 이방인 못지않게 죄인이다(3:9-18)

앞에서 이미 유대인이나 헬라인이나 모두 죄인이라는 사실을 입증하였다. 그런데도 바울 사도는 구약의 시편 말씀을 인용해서(시 5:9; 14:1-3 등)

---

1 John Murray, *The Epistle to the Romans*, The New International Commentary on the New Testament (Grand Rapids: Eerdmans, 1979), 102-03.

2 바울 사도는 2:17-29 을 통해 이방인보다 유대인이 나은 것이 하나도 없다는 점에 대해 강조했다. 그렇다면 3:2 은 앞에서 주장한 내용과 정반대에 해당하는 내용이 아니냐는 질문에 대해 바울 사도는 하나님의 선민인 유대인이 받은 많은 특권을 부인한 것은 결코 아니다. 다만 '하나님의 (죄에 관한—필자 추가) 심판에 대해서는 유대인이나 이방인이나 차별이 없다는 점'에 관해 지적한 것이라고 부연 설명한 것이었다. Ricard N. Longenecker, *The Epistle to the Romans*, The New International Greek Testament Commentary (Grand Rapids, Michigan: Eerdmans, 2016), 340-41.

모두가 죄인이라고 못 박았다. 바울 사도의 논리를 다음 두 가지로 요약할 수 있다.

① 죄의 보편성

이미 앞에서 입증되었듯이 인간은 누구나 예외 없이 다 죄인이다. 앞에 인용한 시편에서 "선을 행하는 자가 없으니 하나도 없도다"(시 14:3)와 같은 구절이 그런 점을 말씀해 주고 있다. 그래서 바울 사도는 "다 치우쳐 함께 무익하게 되고 선을 행하는 자는 없나니 하나도 없도다"(12 절)라고 말하였다.

② 죄의 심각성

3:13-18 에서는 죄의 처참하고도 무서운 성격에 대해서 말하고 있다. 물론 이것은 시적인 표현이기 때문에 시가서(詩歌書)의 해석방법에 따라서 받아들여야 한다. 즉, 시가서가 갖는 함축적 의미를 고려해서 해석해야 한다는 뜻이다. 그런 점을 생각한다고 해도 "그 발은 피 흘리는데 빠른지라 파멸과 고생이 그 길에 있어 평강의 길을 알지 못하였고 그들의 눈 앞에 하나님을 두려워함이 없느니라"(3:15-18)는 표현은 매우 처참한 상황을 설명하고 있다는 사실을 결코 간과할 수 없다. 한 예로써 "그 입에는 저주와 악독이 가득하고"(3:14)는 우리가 언제든지 저주와 악독이 나올 수 있는 사람들이란 뜻이다.

힌트

> **의인(義人, 10 절)**: 이는 9 절의 질문에 대한 대답으로 스스로 하나님과 올바른 관계를 맺는 것은 물론이고, 도덕적으로도 하나님의 사람답게 사는 사람이 없음을 구약성경을 인용함으로써 강조했다.[3]
>
> **깨닫는 자(11 절)**: 하나님에 관한 것이나, 도덕적인 것을 이해하게 되는 것을 의미한다. 하나님께서 천국에서 내려다보실 때 아무도

[3] Murray, *The Epistle to the Romans*, 102-03.

하나님을 이해하지 못하고 찾는 자도 없다고 한 시편 말씀을 인용한 것이다.[4]

선을 행하는 자(12 절): 우리는 선을 행한 대가로 구원을 받는 것이 아니라 하나님의 은혜로 구원을 받는다. 그러나 구원받고 새로운 피조물이 된 사람은 하나님의 능력을 힘입어 선한 일을 하게 된다. 여기서 선을 행하는 자가 없다는 말은 마음에 주님을 믿음으로써 변화된 상태에서 선을 행하는 자가 없음을 의미한다.[5]

목구멍은 열린 무덤이요(13 절): 이것은 무덤 속에서 시신이 썩는 냄새가 끊임없이 나듯 사람들의 마음속에서 나오는 악한 생각이 계속 독한 말로써 표현되는 것을 설명한 것이다.[6] 입을 통해 나오는 죄에 대해 구약의 말씀을 인용해서 그 악하고 처참한 죄성을 나타낸 것이라 본다.

그 입술에는 독사의 독이 있고(13 절): 이것은 인간 속에서 나오는 악을 가장 강력하게 표현한 것이다.

하나님을 두려워함이 없느니라(18 절): 하나님을 두려워하는 마음이 없을 때(1 장 참조) 사람 속에 있는 악한 죄가 끊임없이 나타나게 된다. 그러므로 죄 중에서도 하나님을 두려워하지 않는 죄가 가장 근본적인 죄이다.

---

4 Murray, *The Epistle to the Romans*, 103.

5 Murray, *The Epistle to the Romans*, 103.

6 Charles Hodge, *Commentary on the Epistle to the Romans* (Grand Rapids: Eerdmans, 1950), 79.

참고

① 완전 타락설

인간이 전적으로 타락했다고 믿는 완전 타락설은 신구약을 통해서 인간이 죄를 지었고, 마음이 변화하기 전까지는 계속 죄인이며, 그 마음속에 악과 추함이 있다는 사실을 의미한다. 이 설에 의하면 사람들이 구원받기 전에는 하나님으로부터 떠나있기 때문에 영적으로 죽은 사람이다. 더욱이 하나님에 대해서 알지 못하므로 하나님을 경배하거나 순종하지 않는다.

좀 더 명확히 알기 위해 먼저 완전 타락설이 의미하지 않는 것에 대해 살펴보겠다. 완전 타락설은 인간의 양심이 완전히 마비되어 옳고 그름을 전혀 모르는 상태를 의미하지는 않는다. 바울 사도가 2:15 에서 이방인들도 그 마음속에 양심이 있어서 죄를 지으면 알 수 있다고 말했다. 또한 완전 타락설은 모두가 지극히 더럽고, 항상 극악무도한 죄만 짓고 산다는 뜻도 아니다. 사람들이 모든 종류의 죄를 다 저지르고 산다는 뜻도 아니다. 하나님의 형상을 받았기 때문에 완전 타락설에 속한 사람들 마음속에도 선을 행할 수 있는 여지는 있다는 것이다.

그렇다면 좀 더 적극적으로 이것이 무슨 의미를 갖는지 살펴볼 필요가 있다. 첫째, 우리의 인간성이 죄에 물들어서 우리의 육신과 이성까지도 죄의 영향을 받고 있다는 뜻이다. 심지어 감정과 의지까지도 죄에 의해서 좌우될 수 있다는 것이다. 따라서 그렇게 죄에 물든 사람은 스스로 하나님을 섬기거나 죄를 거부하지 못하고 죄의 노예가 되고 만다. 둘째, 그 인격이 죄의 지배를 받을 때는 선을 행할 때도 자신의 만족을 위해서 하거나, 혹은 그 행위 가운데 자기를 나타내기 위한 불순한 동기가 내포될 수 있다는 것이다. 즉 선한 행동도 완전히 선할 수 없다는 뜻이다. 때에 따라서 표면적으로는 선한 사람으로 자

[7] Millard J. Erickson, *Christian Theology* (Grand Rapids, Mich.: Baker, 1985), 625-31.

신을 포장할 수 있지만, 그 내면을 들여다보면 반드시 죄가 드러난다는 뜻이다.

바로 이런 사람들이 종교를 가졌을 때 다른 사람보다 낫게 보일 수 있을지 모르지만, 그 속이 타락하였기 때문에 하나님께 갈 수 없다. 따라서 우리의 행위로서는 결코 하나님께 갈 수 없다. 바로 이러한 상태를 가리켜 완전 타락설에 해당된 상태라고 말할 수 있다.[7]

② 죄의 의미

죄론(罪論)은 기독교 교리 중에서 가장 핵심이 되는 교리 중의 하나이다. 이 교리를 부인하거나 약화했을 때 기독교 교리 전체에 영향을 줄 수 있다. 현대에는 다분히 이 교리를 미화시키거나 약화하는 경향이 있다. 따라서 기독교 전체가 약화하여 가는 현상을 볼 수 있다.

죄에 대한 의미는 다음과 같이 몇 가지로 나누어 볼 수 있다. 첫째, 죄는 하나님의 거룩한 명령과 법에 대한 거부 행위를 의미한다. 둘째, 죄는 하나님과 맺은 언약을 깨뜨리거나 언약의 불성실한 이행을 의미한다. 셋째, 죄는 하나님께 반발하는 행위나 하나님께로부터 돌아서는 것을 의미한다. 넷째, 죄는 우상과 다른 피조물들을 숭배하는 것을 의미한다. 대상이 인간의 형상이거나, 혹은 하나님의 형상이거나 상관없이 하나님을 대치해서 섬기는 우상들은 모두 죄에 속한다. 다섯째, 죄는 하나님을 믿지 않고 신뢰하지 않는 것을 의미한다. 여섯째, 죄는 하나님을 떠나 자기중심적인 것을 의미한다. 일곱째, 죄는 게으름이나 무감각한 상태를 의미한다.

그 밖에도 죄는 그 깊이와 넓이를 따진다면 너무 방대한 개념이다. 본 지면에서 다 설명할 수 없을 정도로 구약과 신약에서는 죄에 대한 묘사들이 많이 있다. 이런 사실에 대해 읽고 죄의 개념을 더 익힘으로써 죄에 대해 경각심을 가지고 죄를 지을 때마다 회개하는 마음을 가져야 할 것이다.[8]

나. 율법 있는 자가 죄인이면 율법 없는 자는 두말할 나위 없이 죄인이다 (3:19)

> 우리가 알거니와 무릇 율법이 말하는 바는 율법 아래에 있는 자들에게 말하는 것이니 이는 모든 입을 막고 온 세상으로 하나님의 심판 아래에 있게 하려 함이라(3:19).

우리 중의 단 한 사람도 예외가 될 수 없다. 인간의 모든 문제는 바로 죄로부터 오는 것이다. 물론 현상적인 문제들이 그 원인이 될 수 있지만, 그 현상적인 문제만을 다룬다고 해서 근본적인 문제가 해결되지 않는다. 근본적인 문제를 다루어야만 현상적인 문제들이 해결된다. 따라서 인간의 정신적인 문제와 병, 걱정, 불안, 상한 감정 등을 해결하기 위해 도와야 하지만 먼저 죄의 문제를 해결해야 한다. 그러기 위해서 우리는 온 세상이 죄 아래 있다는 것과 특히 우리 자신 역시 죄에 물들어 있다는 사실을 깨달아야 한다.

우리 자신의 죄를 깨닫는 것은 매우 어려운 일이다. 그러나 이것을 깨달을 때 비로소 우리가 처해있는 현실을 더 분명히 보게 될 뿐 아니라, 우리가 매우 위험한 상태에 있음을 알게 됩니다. 또한, 하나님의 심판이 있음도 알게 됩니다. 이처럼 우리가 처해 있는 상태를 알면 우리는 회개할 수 밖에 없게 될 것이다.

다. 율법으로는 하나님 앞에 의롭다 함을 얻을 사람이 없다(3:20)

> 그러므로 율법의 행위로 그의 앞에 의롭다 하심을 얻을 육체가 없나니 율법으로는 죄를 깨달음이니라(3:20).

---

8 James Garrett, *Systematic Theology: Biblical, Historical, and Evangelical*, vol. 1 (Grand Rapids: William B. Eerdmans, 1990), 455-62.

연이어서 바울 사도는 이런 결론을 내린다. 즉 앞에서 말씀한 것처럼 모든 사람이 죄인이고 심판 아래 있어서 율법의 행위, 즉 우리가 할 수 있는 선(善)한 행위로는 하나님께 의롭다 함을 받을 수 없다. 율법은 오직 죄를 깨닫게 해주기 위해 주어진 잣대이다. 그런데 유대인들은 율법을 지킴으로써 구원받을 수 있다고 생각했다. 우리는 죄인이므로 아무리 율법을 잘 지킨다고 하더라도 그것은 겉만 보기 좋게 칠하는 것과 마찬가지이다. 속은 아직도 죄로 말미암아 썩어있는데, 겉을 아무리 치장해도 큰 의미가 없다.

힌트

> 율법이 주어진 목적: 율법이 왜 주어졌는가를 이해하게 되면 정확한 답을 얻을 수 있을 것이다. 율법은 원래 다음과 같은 이유로 주어졌다.
>
> - 죄를 깨닫게 하도록(롬 3:20)
> - 그리스도께로 우리를 인도하기 위해(갈 3:24)
> - 하나님의 거룩하심을 우리에게 알려 주기 위해(레 11:44)
> - 우리 생활의 지침이 되게 하기 위해(시 119:9-11)

워크숍

1. 본문을 여러 번 읽고 핵심 내용을 한 문장으로 요약해 보라.

2. 본문을 다른 사람에게 가르칠 수 있도록 대지로 정리하여 보라.

3. 바울 사도는 앞에서 유대인들이 나은 점이 많지만(3:2), 죄의 문제에 있어서는 좀 다르다고 했다. 어떻게 다르다고 했는지 말해 보라(3:9).

4. 바울 사도가 인용한 시편 말씀을 통해 최소한 두 가지를 알 수 있다. 모든 사람이 죄를 지었다는 것과 죄가 사람들을 얼마나 깊이 오염시켰는가에 대한 것이다(3:10-18). 자신의 경험을 통하여 이 말씀의 타당성을 증명해 보라.

5. 바울 사도는 율법을 받은 유대인 역시 죄인이라고 선언했다. 그리고 동시에 율법이 없는 사람들은 더욱더 죄인이라고 말했다(3:19). 유대인들은 율법을 통해 자신이 죄인이라는 사실을 깨닫고 회개함으로써 하나님께 나아갈 수 있었음에도 도리어 죄를 지었다. 율법을 받지 못한 이방인들은 더 쉽게 죄를 지었을 것이다. 따라서 유대인이 죄인이라면 당연히 이방인도 죄인이다. 이러한 바울 사도의 논리가 맞는지 토의해 보라.

6. 하나님께서는 우리가 의롭다 함을 얻게 하려고 율법을 주신 것이 아니다. 이 사실을 알기 쉽게 설명해 보라(3:20 상).

7. 하나님께서 우리에게 율법을 주신 목적을 말해 보라(3:20 하). 자신의 경험을 통해 이를 입증해 보라.

8. 이 과를 통하여 가장 깊이 깨달은 점 세 가지를 서로 나누어 보라.

나의 기도

아래에서 자신에게 해당하는 기도를 하기 바란다.

① 오! 하나님 아버지, 이처럼 속속들이 죄로 물들어 하나님을 알지 못하는 것은 물론이고, 하나님의 진노 가운데 있던 저를 구원하여 주심을 감사합니다. 이제 이 큰 은혜를 받았으므로 하나님께 영광을 돌리고 이 소식을 하루속히 세상 모든 족속에게도 전하며 살겠습니다. 예수님의 이름으로 기도합니다. 아멘.

② 오! 하나님, 저는 오늘 제 영혼의 참모습을 보았습니다. 제가 너무 크고 더러운 죄인임을 알았습니다. 모든 사람이 이런 죄인일 뿐만 아니라, 저의 모든 부분이 이런 죄로 물들어 있어 저의 힘으로는 하나님과 올바른 관계를 맺을 수도 없고, 하나님의 마음을 기쁘게 해 드리는 행동도 할 수 없음을 알았습니다. 저는 하나님과 올바른 관계를 맺을 때까지 하나님을 찾겠습니다. 이 로마서를 읽겠습니다. 저의 죄를 뉘우치고 회개하여 하나님과 깊은 관계를 맺도록 도와주시옵소서. 예수님의 이름으로 기도합니다. 아멘.

제 2 부

그리스도의 십자가를 통해 온 인류에게 나타난 하나님의 은혜

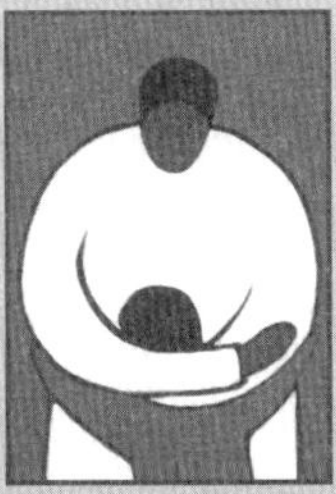

6

새롭게 나타난 하나님의 의(義): 복음의 핵심

로마서 3:21-31

먼저 성경 본문을 여러 번 읽으시오.

바울 사도는 3:20까지 내용을 통해 인간이 죄인이라는 사실을 그 누구도 부인하거나 변명할 수 없도록 그 가능성을 다 막아버렸다. 이방인들과 도덕적으로 깨끗하다고 생각하는 사람도 다 죄인이고, 율법을 받아서 하나님께 나아갈 수 있는 길을 알고 있다는 유대인도 다 죄인이라고 말하였다. 결국 모든 사람이 다 죄인이라고 결론을 내렸다.

바울 사도의 의도는 인간이 죄인이라는 사실을 밝히는 그 자체에 있는 것이 아니었다. 만일 거기서 그쳤다면 기독교는 존재하지 않았을 것이다. 왜냐하면 우리가 죄인이라는 사실을 깨닫는 것은 문제가 무엇이라는 사실을 알게 되는 것이지, 그것이 곧 우리 죄에 대한 해결책 그 자체는 아니기 때문이다. 이 과에서는 우리가 어떻게 그 문제를 해결할 수 있는가에 대한 해답을 제시하고 있다. 이를 달리 말하면, 우리가 어떻게 하면 죄 용서함을 받고 의롭다 함을 얻는가이다. 이를 위해서는 무엇보다 먼저 우리 죄의 뿌리가 얼마나 깊고 흉악한가를 알아야 하므로 그처럼 죄에 대해 철저히 다룬 것이다.

바울 사도가 강조한 복음의 내용은 죄인인 우리에게 하나님의 의(義)가 주어졌다는 것이다. 그런데 그 의(義)는 유대인들이 주장한 것처럼 율법을 통해서가 아니라, 완전히 다른 통로를 통해서 얻는다는 것이다. 곧 예수 그리스도를 믿음으로 얻는 의(義)이다. 예수 그리스도께서 우리 죄를 대속(代贖)하셨기 때문에 예수 그리스도를 믿음으로써 의(義)를 얻게 된다. 즉 예수 그리스도께서 십자가에서 돌아가심으로써 우리 죄의 대가(代價)를 대신 치르셨다는 것이 바로 대속의 의미이다. 이로써 예수님께서 치르신 대가는 우리 죄에 대한 대가요, 하나님과 우리 사이를 화목(和睦)하게 하기 위한 희생이었다.

이 의(義)는 하나님의 의(義)와 질적으로 동일하다. 그래서 우리는 하나님의 구원을 얻게 되었다. 이러한 의(義)는 우리의 어떤 행위나, 혹은 율법을 지키는 것을 통해서는 얻지 못한다. 그것은 오직 믿음으로만 되고, 할례나 또 다른 종교적인 행위로도 되지 않는다. 오직 우리가 죄를 회개하고 예수님의 공로를 마음에 믿음으로만 얻을 수 있는 하나님의 선물이다. 따라서 이런 의를 받은 사람은 자랑할 것이 전혀 없고 오직 감사할 뿐이다.

가. 새롭게 나타난 하나님의 의(3:21-22)

새로운 의와 구약과의 관계(3:21)

"이제는"이라는 말씀은 앞에서 말한 모든 것에 대하여 강한 대칭으로 쓰였다. 지금까지는 문제를 제시했지만, 이제부터는 해답을 제시한다는 의미로 받아들일 수 있다. 그 문제의 해답은 바로 율법과 전혀 상관없이 다른 방법으로 나타난 하나님의 의에 관한 것이다.

그 의(義)에 대해서는 구약에서도 설명하고 있다. "율법과 선지자"에게 증거를 받았다는 표현은 '구약 전체'에도 이런 사실이 기록되었다는 뜻으로 볼 수 있다. 하나님의 의를 받는 길은 이미 오래전부터 하나님께서 계획하셨고, 모세오경과 선지자들의 글에서 여러 번 말씀하셨다(눅 24:44-48). 그러나 구약시대의 사람들은 물론 예수님 당시의 유대인들도 이 사실을 잘 몰랐다. 이제 우리는 오랜 기간에 걸친 교회의 연구와 완성된 성경을 통해서 이 사실을 잘 알게 되었다.

힌트

이제는(21 절): 이제까지 바울 사도는 우리가 율법으로나 철학으로나 인간적인 방법으로는 하나님의 의에 도달할 수 없다고 말했다. 그러나 "이제는" 새로운 길이 열렸다고 말했다. 지금까지 자연(1:20), 양심(2:15), 율법(2:18), 선지자 등 여러 경로를 통해 우리에게 말씀하시던 하나님께서(히 1:1) 이제 직접 우리를 찾아오신 것이다(요 1:1-2, 14).

율법 외에 하나님의 한 의(21 절): 바울 사도는 율법적인 행위를 통한 것이 아닌 율법과 전혀 다른 근원으로부터 나타난 하나님의 의(義)가 있음을 시사했다. 여기서 하나님의 의(義)는 하나님으로부터 정식(법적)으로 무죄판결을 받고 하나님과 올바른 관계(자녀 관계)를 맺는 것을 의미한다.

율법과 선지자들에게 증거를 받은 것이라(21 절): "율법과 선지자들"은 더 정확하게 말하면 율법서와 선지서들, 곧 구약 전체를 의미한다. 구약을 자세히 보면 그리스도의 복음에서 말씀하고 있는 소위 "은혜를 통한 하나님의 의"에 대한 근거들을 곳곳에서 발견할 수 있다(창 3:15; 15:6; 렘 31:31-34).

새로운 의와 예수 그리스도(3:22)

이런 의(義)는 비록 처음에는 유대인들을 통해서 계시되었지만, 이제는 유대인뿐만 아니라 모든 믿는 사람들에게 주어진 것을 알 수 있다. 오직 예수 그리스도를 믿음으로 말미암아 모든 사람이 의롭다 함을 받게 되었다. 유대인이나 이방인이나 남녀노소를 불문하고 누구든지 자기 죄를 회개하고 예수님을 믿기만 하면 하나님의 의를 받을 수 있다. 이렇게 모든 사람이 얻을 수 있는 의는 반드시 모든 사람, 모든 족속에게 선교를 통해 전파되어야 마땅하다.

힌트

> **곧 예수 그리스도를 믿음으로 말미암아 미치는 하나님의 의(22 절)**: 이 의(義)는 예수 그리스도를 믿음으로써 우리에게 주어진다. 어떤 율법적인 행위를 통해 얻는 것이 이니다. 여기서 믿음이란 자기 자신을 의뢰하지 않고 그리스도를 의뢰하는 것을 의미한다.[1]
>
> **차별이 없느니라(22 절)**: 바울 사도는 지금까지 유대인은 율법으로 말미암아 정죄 받고 있고, 이방인은 그 양심이 죄인임을 호소하고 있다고 말했다. 그러나 하나님과 올바른 관계를 맺는 것은 유대인이나 이방인이나, 부자나 가난한 자나, 교인이나 교회를 다니지 아니하는 자나 차별 없이 모두 그리스도를 믿음으로써만 가능하다고 결론을 짓고 있다.[2]

나. 새롭게 나타난 '하나님의 의'의 의미(3:23-26)

이 부분은 로마서의 핵심이라고 할 수 있다. 그 이유는 여기에서 복음의 의미를 매우 명확하게 설명하고 있기 때문이다. 복음의 핵심은 우리에게

---

1 Harrison, *Romans*, 41.

2 Harrison, *Romans*, 41. "faith is simply the 'hand of the heart(Godet). It takes what God bestows but adds nothing to the gift." 믿음은 단지 마음의 손과 같다. 하나님께서 주시는 선물을 받는 역할 이외 아무것도 추가되지 않는다(필자 역).

어떻게 하나님의 의(義)가 주어졌는가를 설명한 것이다. 의미상으로는 3:23 에서 클라이맥스를 이루고 있다. 이를 경계점으로 삼아 그 전 내용인 1:18-3:20 을 다시 한번 다음과 같이 요약하였다. "모든 사람이 죄를 범하였으매"(23 절) 그 결과 하나님의 영광에 이르지 못하게 되었다. 연이어서 그러한 인간들을 위해서 그리스도께서 십자가에서 우리 대신 모든 형벌을 받으셨다고 선언했다. 그 결과 모든 인간이 그 어떤 값도 치르지 않고 오직 믿음으로만 혜택을 받을 수 있는 길을 열어놓으셨다. 바울 사도는 이것을 '은혜'라는 단어를 써서 설명했다.

이것을 조금 더 자세히 얘기한다면 이런 뜻이다. 하나님은 공의로우시므로 범죄한 인간을 그대로 받아들일 수 없었다. 만일 그대로 받아들이신다면 하나님은 죄에 대해서 적당히 넘어가시는 분으로서 공의로우신 분이 아니라는 뜻이다. 반면에 그대로 놓아두신다면 인간은 계속 범죄하여 사망에 이르게 될 것이다. 하나님께서는 이 문제의 해결 방법으로 예수 그리스도를 십자가에서 돌아가시게 함으로써 하나님의 의로움도 충족되고, 인간이 죄에 대한 형벌에서 벗어날 수 있는 길을 제시하셨다. 그 길은 바로 '믿음'으로만 가능한 것이다.

여기서는 예수님의 십자가에서의 이와 같은 역할을 화목제물(和睦祭物)이라는 말로 설명했다. 이런 사실로 미루어 볼 때 예수님이 십자가에서 돌아가신 의미는 크게 두 가지로 나타나고 있다. 하나는 구속(救贖)의 의미로서, 또 하나는 화목제물의 의미로서 나타났다. 따라서 믿는 사람들은 죄를 용서받음으로써 하나님의 의(義)를 얻게 되고, 우리의 죄 때문에 원수된 상태에 있던 사람들이 하나님과 화목하게 된다. 그 결과 하나님도 의로우시고, 하나님께서 예수 믿는 사람들을 의롭다고 인정해주실 수도 있게 된 것이다. 이것을 신학적인 용어로 칭의(稱義, Justification)라고 한다.

힌트

은혜(24 절): 받을 자격이나 공로가 없는데도 불구하고 주시는 하나님의 선물을 의미한다. 특히 하나님의 의(義)에 비추어 보았을 때 죄인인 사람이 그리스도께서 흘린 보혈의 대가로 죄 용서를 거저 받는 것을 의미한다(딛 3:5; 엡 2:8-9 참조).

구속(救贖, 24 절): 대가를 치르고 구해내는 것, 곧 그리스도께서 자신의 생명을 십자가 위에서 대가로 지급하시고 우리를 죄에서 구해낸 것을 의미한다.

의롭다 하심(24 절): 주로 바울 사도가 쓴 용어인데 하나님께서 "하나님의 의"의 기준에 근거하여 우리를 보시면 우리는 죄인이지만, 예수님 보혈의 공로 때문에 하나님이 우리를 의롭게 보아주신다는 뜻이다. 이를 가리켜 의롭다 함을 받았다고 말한다. 이것은 순전히 은혜로써만 되는 것이다.

화목제물(25 절):

① 구약에서는 속죄소(혹은 시온좌)라고 말씀하고 신약에 와서는 화목제물로 번역하고 있다. 속죄소는 지성소 중 가장 중요한 곳으로서 언약궤 바로 위를 의미한다. 이곳에서 일 년에 한 차례씩 대제사장이 아무도 보지 않는 상태에서 짐승의 피를 뿌려 속죄했다. 이는 앞으로 그리스도께서 십자가에서 단번에 자신을 드리심을 통해 누구든지 그리스도만 믿으면 하나님께 자유자재로 나아갈 수 있는 것에 대한 그림이다.[3]

② 신약에서는 그리스도께서 공개적으로 모든 사람의 죄를 위하여 단번에 드리신 바 되어 누구든지 죄를 회개하면 하나님의 진노와 영원한 심판으로부터 구원을 받을 수 있게 하셨다. 이 경우 짐승의 피 대신 예수 그리스도 자신이 바로 화목제물이 되셨음을 의미한다.[4]

---

3 Harrison, *Romans*, 43. "Indeed Christ has become the meeting place of God man where the

다. 새롭게 나타난 하나님의 의와 우리의 행위와의 관계(3:27-30)

바울 사도는 복음의 의미를 명확히 설명하고, 우리가 의롭다 함을 받은 것은 행위로 된 것도, 또 율법을 지켜서 된 것도 아니라고 계속 설명한다. 또한, 우리도 이 사실을 확실히 인정해야 한다고 말하고 있다. 이런 방법으로 유대인뿐 아니라, 이방인까지도 의롭다고 인정받게 된다. 이것이 사실이라면 하나님은 유대인만의 하나님이 아니라 이방인의 하나님도 되시고, 모든 사람의 하나님이 되시는 것이다. 따라서 할례를 받은 사람도, 할례를 받지 않은 사람도 오직 믿음으로만 의롭다 함을 받는다는 사실에 대해 다시 한번 확인했다.

"할례를 받은 사람"이나 "할례를 받지 않은 사람"이라는 용어는 유대인과 이방인을 지칭한다. 바울 사도는 복음의 의미를 설명하면서 다시 한번 율법의 의미가 약화(弱化)하는 것을 미리 방지하고 있다. 이처럼 우리가 율법이 아닌 믿음으로만 의롭다 함을 받았다면 율법은 무용지물이 되는 것이 아니냐는 말에 바울 사도는 그렇지 않다고 분명히 못 박고 있다. 율법이 폐해지는 것이 아니라 오히려 더 굳게 세워진다는 것이다.

이런 사실은 우리가 신앙생활 하면서 더욱더 분명히 알게 된다. 우리는 율법을 지킴으로 살지 않고 예수 그리스도를 믿음으로 살지만, 만일 우리가 죄를 짓는다면 율법은 즉시 우리의 죄를 알려줄 것이다. 그러면 우리는 죄를 자백하고 돌아와야 한다. 율법은 우리가 죽을 때까지 이 역할을 할 것이다. 따라서 율법의 역할은 절대로 없어지지 않을 것이다. 율법과 율법을 포함한 하나님의 말씀 전체가 일점일획도 없어지지 않는다고 예수님께서 이미 말씀하셨다(마 5:17-18).

---

the mercy of God is available because of the sacrifice of the Son." 실로 그리스도께서 하나님과 인간이 만날 수 있는 장소가 되었다. 그곳은 하나님의 아들이 우리 죄를 위해 대신 제물(화목제물)이 되셨기 때문에 하나님의 긍휼하심이 준비된 곳이 되었다(필자 역).

4 Harrison, *Romans*, 43-44.

힌트

> **오직 믿음의 법(27절)**: 여기서 말하는 법은 율법이 아니라 '원리'라고 해석하는 것이 타당하다. 그러므로 우리는 율법의 행위에 의해서가 아니라 '믿음의 원리'에 의해서 구원받음을 알 수 있다.
>
> **할례자(30절)**: 유대인들을 의미한다.
>
> **무할례자(30절)**: 이방인들을 의미한다.

참고

도덕폐기론

도덕폐기론(antinomianism)은 역사적으로 나타난 그릇된 가르침 가운데 하나이다. 이것은 우리가 율법을 통해서가 아니라 예수 그리스도로 말미암아 의롭다 함을 받았다는 바울 사도의 주장을 왜곡(歪曲)하여 율법은 더 이상 우리와 상관없다는 생각에서 나온 그릇된 교리이다. 만일 율법이 폐기되었다면 큰 문제이다. 그것은 마치 한 국가의 법이 없어졌다는 말과 같다.

물론 법이 없어도 살 수 있는 사람들이 있다. 법을 완전히 다 지키는 사람이라면 법이 없어도 상관이 없다. 마찬가지로 만일 우리가 예수님을 믿음과 동시에 성화되어 주님 안에서 거룩한 생활을 한다면 율법의 역할이 그만큼 줄어들 것이다. 또 실제로 우리가 하나님의 뜻에 따라 그리스도 안에서 예수님과 온전히 동행하면 율법의 역할이 필요 없을 것이다. 그러나 우리의 죄성 때문에 이렇게 살지 못할 때가 더 많다는 사실을 경험으로 잘 알고 있다. 따라서 율법의 기능은 계속 유효하다. 다만 어떤 경우에도 이를 통해서 구원을 받을 수는 없다.

우리는 주님의 은혜로 의롭다 함을 받았다는 사실을 망각하고 이 세상에서 살면서 죄를 지을 때가 있다. 그럴 때 율법이 살아서 '정죄'

(죄를 깨닫게 해 줌으로써)함으로써 우리가 회개하고 다시 주님께로 올 수 있도록 해야 한다. 우리는 오직 그리스도 안에 거할 때만 비로소 율법의 역할이 필요 없게 된다. 그러나 죄를 범했을 때는 우리가 율법이 지적하는 것을 언제든지 겸손하게 받아들이고 죄를 자백하고 그리스도 안으로 즉시 돌아와야 한다. 그리고 그리스도 안에서 늘 살아야 한다.

워크숍

1. 바울 사도가 본문에서 말씀하고 있는 하나님의 의(義)는 "율법과 선지자들", 곧 구약 가운데 이미 언급된 것이다. 이 하나님의 의(義)는 구체적으로 무엇을 의미하며, 어떻게 얻을 수 있다고 본문은 말하고 있는가(3:21-22)?

2. 3:23-26은 새로 나타난 하나님의 의(義)에 대하여 구체적으로 설명한 부분이다. 이 내용을 자신의 말로 설명해 보라. 우리가 누릴 수 있는 두 가지 특권에 대하여 서로 나누고, 이것이 본인의 삶에 어떤 의미를 주는지 말해 보라.

3. 3:26에서 바울 사도는 하나님("자기도 의로우시며"라고 말씀한 부분)과 예수 믿는 사람들이 모두 다 의롭게 되었다고 말하였다. 이는 하나님이 불의하셨는데 이제 의롭게 되셨다는 뜻이 아니다. 하나님께서는 예수 그리스도를 십자가에서 우리 죄를 위해 돌아가시게 하심으로 우리의 형벌을 대신 받게 하셨다. 따라서 하나님께서 예수님을 믿는 우리에게 편법으로 하나님의 의(義)를 주신 것이 아니다. 오히려 우리 대신 죄에 대한 형벌을 십자가에 못 박혀 죽으심으로써 대가를 치르셨기 때문에 정당하게 우리를 의롭게 해 주셨다는 뜻으로 봐야 한다. 이런 내용을 자신에게 적용해 보고, 자신의 신분이 어떻게 변화되었는가에 대해 서로 나누어 보라.

4. 우리가 예수님을 믿을 때 하나님께서 친히 그 아들의 죽음을 통해 마련하신 하나님의 의(義)를 얻게 된다. 이처럼 아무 대가도 치르지 않고 거저 얻었다면 타종교에서처럼 무슨 대가를 치르고 얻은 것에 비해 가치가 떨어질 것으로 생각할 수 있다. 이런 궤변에 대해 본문을 통해 반박해 보라 (3:27-31).

5. 하나님께서는 유대인만 아니라 이방인도 예수님을 믿음으로 의롭다 함(구원)을 얻게 하셨다. 결국 온 세상을 위한 구원의 길은 한 길밖에 없고, 온 세상이 믿을 하나님도 한 분뿐이시다. 이런 사실을 깨달은 우리는 이 소식을 전 세계에 전해야 한다. 이를 위하여 자신이 할 역할이 무엇인지 서로 나누어 보라.

나의 기도

저는 오늘 그리스도께서 피를 흘리셔서 하나님과 저와의 사이를 가로막고 있던 모든 죄를 용서하신 것을 알았습니다. 이것이 어떤 율법적인 행위로 된 것이 아니라 저의 죄를 위하여 대신 피를 흘리신 그리스도를 믿음으로 된 것을 알았습니다. 제가 믿을 때 하나님께서 은혜로 다음과 같은 선물을 주신 것에 관해 다시 한번 확인합니다. 하나님의 의(義), 은혜, 구속(救贖), 의롭다 함, 화목제물. 저는 나머지 생애 동안 이런 사실을 다른 사람에게 알리며 살겠습니다. 예수님의 이름으로 기도합니다. 아멘.

7

이신칭의(以信稱義)와 이스라엘 민족의 조상들과의 관계

로마서 4:1-12

먼저 성경 본문을 여러 번 읽으시오.

아브라함은 이스라엘 민족의 조상이다. 다윗은 이스라엘의 두 번째 왕이지만 이스라엘 역사상 가장 중요한 왕이다. 이들은 모두 다 모세와 함께 이스라엘 민족이 내세우는 위대한 인물들이다. 바울 사도는 이들의 구원이 율법의 행위로 되지 않고 하나님을 믿음으로 이뤄졌다면, 이스라엘 백성은 물론 이방인들까지도 믿음으로 의롭다 함을 받을 수밖에 없다고 주장했다.

이는 인간의 노력에 따라서 의롭다 함을 받는 것이 결코 아니라는 것이다. 오히려 우리의 구원은 하나님의 은혜로써 얻는 것이다. 이 은혜 때문에 죄인인 우리가 하나님 앞에서 법적으로 무죄 판결을 받는 것을 의미한다. 바울 사도는 이 모든 것이 가능한 이유에 대해 논리적으로 설명했다. 가령 우리가 한 일에 대하여 보상을 받는다면, 그것은 자신의 노력의 대가일 뿐 은혜는 아니다. 따라서 우리가 율법을 지킴으로, 또는 선행으로 구원(의롭다 함)을 받는다면 그것 역시 은혜가 아니고 선행에 대한 정당한 대가를 받는 것이다.

실상은 인간이 날 때부터 죄인으로 태어났기 때문에 아무도 자기 능력으로는 하나님의 의를 얻기 위한 충분한 대가를 지급할 능력이 없다. 유대인들은 그런 사실을 모르고 계속 율법을 지킴으로 구원을 얻을 수 있다고 믿었다. 그런 사실에 대해 다윗이 하나님으로부터 죄 용서 받은 예(시 32:1-2)를 들어서 바울 사도는 설명했다. 결국 의롭다 함은 우리의 공적에 따라 받는 것이 아니며, 우리의 선(善)함에 따라 그 대가로 받는 것은 더욱더 아니다. 다만 그리스도께서 주시는 은혜로써 우리가 무죄 판결을 받고 이와 더불어 하나님의 의(義)까지도 받게 되는 것이다. 이를 가리켜 칭의(稱義)라고 부른다. 그리고 오직 믿음으로 이렇게 의롭다 함을 받는 것을 신학적으로는 이신칭의(以信稱義)라고 부른다. 우리는 이러한 점들을 이 과에서 좀 더 구체적으로 공부하게 될 것이다.

가. 이신칭의와 대표적인 믿음의 조상들과의 관계(4:1-8)

아브라함의 경우(4:1-3)

바울 사도는 유대인들의 조상인 아브라함을 예로 들어서 믿음으로 얻는 하나님의 의(義)에 관해 설명하였다. 만일 아브라함이 율법을 지킴으로써 하나님의 의를 얻었다면, 율법을 통해 구원을 얻는다고 주장하는 유대인들이 옳았을 것이다. 반대로 아브라함이 믿음으로 말미암아 하나님의 의(義)를 얻은 것이 확실하다면, 유대인과 이방인 모두 믿음으로써만 구원을 받을 수 있다는 바울 사도의 주장이 설득력이 있게 된다.

따라서 바울 사도는 아브라함의 케이스에 대해 설명하면서 아브라함이 특별한 사람이었기 때문에 택함을 받았다고 보지 않았다(창 12:11-20). 하나님께서 갈대아 우르에 있는 아브라함을 불러내셨을 때도 그가 자격이 있어서 불러낸 것이 아니다. 하나님께서 은혜를 베풀어서 그를 선택하셨고, 이스라엘 백성의 조상이 되게 하셨다. 이는 전적으로 하나님의 은혜 때문이다. 그도 보통 사람들과 같은 죄인이었다. 그래서 바울 사도는 아브라함이 행위로서 의롭다 함을 받지 못했다고 설명하고 있다.

하지만 아브라함은 하나님을 믿었다. “아브람이 여호와를 믿으니 여호와께서 이를 그의 의(義)로 여기시고”(창 15:6)라고 하나님께서는 말씀하셨다. 하나님은 이와 같은 아브라함의 믿음을 보시고 하나님의 의를 받게 하셨다. 아브라함 자신도 하나님을 믿음으로 의롭다 함을 받았기 때문에 율법을 지킴으로 구원을 받는다거나, 혹은 아브라함의 후손이므로 자동으로 의롭다 함을 받는다는 것은 설득력이 없다. 오히려 그 후손들도 아브라함과 마찬가지로 하나님을 믿음으로써만 구원을 받게 되었다.

이런 사실이 아브라함 당시에는 희미하게 나타났었지만 예수 그리스도가 오심으로 말미암아 더욱 분명해졌다. 예수 그리스도가 구세주이시며, 예수 그리스도를 믿음으로 하나님의 의(義)를 받는다는 것이 명확해졌다. 아브라함 당시에는 그때 나타난 계시에 따라 믿음으로 구원을 받았지만, 지금은 오직 예수 그리스도를 믿을 때만 구원을 얻게 된다. 유대인들도, 이방인들도 예외 없이 예수 그리스도를 통해서만 구원을 얻을 수 있다.

다윗의 경우(4:4-8)

바울 사도가 아브라함에 이어서 다윗의 예를 든 데에는 다음과 같은 의도가 있다고 본다. 아브라함이 이스라엘 민족의 첫 번째 조상이라면, 다윗은 이스라엘 민족이 가장 자랑스럽게 여기는 왕이었다. 이 두 사람은 이스라엘 민족 전체를 대표하는 인물이라고 볼 수 있다. 따라서 이 두 사람이 율법을 통해서 구원을 받았다면 나머지 이스라엘 백성들도 당연히 율법을 통해서 구원을 받고, 반면에 이 두 사람이 믿음으로 구원을 받았다면 이스라엘 백성들도 당연히 믿음으로 구원을 받을 수밖에 없다.

그런데 여기에 나타난 사실로 보았을 때 다윗도 역시 은혜로 구원을 받았다. 다윗 또한 자신의 노력이나 자신의 삶을 통해서는 결코 구원을 받을 수 없는 죄인이었다. 그는 많은 사람을 죽였고, 특히 밧세바와 동침한 후에 충성스러운 부하였던 그녀의 남편까지 죽이는 엄청난 범죄를 저질렀다. 따라서 그의 생애가 훌륭했기 때문에 구원받았다고 할 수 없다. 그는 순전히 하나님의 은혜로 구원받은 사람의 표상(表象)이다. 따라서 시편 기자도 그에 대해서 “아무 일도 하지 않았지만 은혜로 불법을 용서받은 사람은 참으로 행복한 사람이다”라고 말했던 것이다.

바울 사도는 아브라함에 이어 다윗도 믿음으로 구원받았다는 사실을 설명함으로써 유대인의 입을 막았을 뿐 아니라, 이방인들 역시 믿음으로 구원을 받을 수밖에 없다는 사실을 강조하였다. 특히 9 절에서는 이런 행복이 할례자와 무할례자 모두에게 주어진다고 말씀하였다. 이로써 애초부터 하나님께서는 유대인과 이방인이 다 믿음으로 구원받을 수 있도록 계획하셨음을 알 수 있다. 우리는 이것을 하나님의 언약의 개방성(開放性)이라고 말할 수 있다. 이것은 또한 우리가 세계 모든 사람에게까지 이 기쁜 소식을 증거해야 한다는 의무감을 느끼게 한다.

나. 이신칭의와 할례와의 관계(4:9-12)

본문에서 바울 사도는 믿음으로 말미암아 우리에게 하나님의 의가 주어졌다는 사실을 할례와 연관 지어서 설명하고 있다. 그는 아브라함이 할례를 받은 시기(창 17:9-14)와 의롭다 함을 받은 시기(창 15:6)를 비교하여 보았다. 바울 사도는 아브라함의 경우 할례를 받음으로써 의롭다 함을 받은 것이 아니라, 그 전에 이미 믿음으로 의롭다 함을 받은 것을 확정 짓기 위해서 나중에 할례를 받았다는 사실을 지적하였다. 따라서 아브라함이 받은 할례는 원래 할례의 의미대로 의롭다 함을 받은 사람에 대한 외적인 증거로 받은 것이라는 점을 명확히 했다. 바울 사도는 "저가 할례의 표를 받은 것은 무할례시에 믿음으로 된 의를 인친 것"(4:11)이라고 말함으로써 율법이나 할례를 통해서는 결코 하나님께 의롭다 함을 받을 수 없음을 다시 한번 확인했다.

이로써 아브라함은 할례를 받은 사람들뿐 아니라, 할례를 받지 않은 모든 사람을 위한 '믿음의 조상'이 되었다. 특히 믿음으로 하나님의 의를 받은 사람들의 영적 조상이 된다. 우리의 구원은 혈통에 따른 것이 아니라, 아브라함처럼 오직 믿음으로 된 것이다. 따라서 아브라함은 믿음으로 구원받는 모든 사람의 영적 조상이 되는 것이다. 이런 관점에서 볼 때 이방인인 우리도 역시 아브라함이 우리의 믿음의 조상이라고 말할 수 있게 되었다.

더 나아가서 영적으로 보았을 때 아브라함과 이스라엘 백성에게 주신 구약의 모든 특권도 당시의 독특한 문화적인 면을 제외하고는 우리 모두에게 적용된다. 선택, 하나님의 백성으로서의 자격, 율법, 약속, 메시아, 하나님의 왕국, 하나님의 인도하심, 하나님의 거하심(임재) 등 모든 것들이 우리에게 다 해당한다. 이것이 창세 전부터 원래 하나님이 가지고 계셨던 원대한 계획이었다. 이 사실을 바울 사도는 에베소서에서 이렇게 말씀하고 있다.

> 이는 이방인들이 복음으로 말미암아 그리스도 예수 안에서 함께 상속자가 되고 함께 지체가 되고 함께 약속에 참여하는 자가 됨이라(엡 3:6).

에베소서 3 장에 기록된 바울 사도의 그 당시 느낌을 우리가 다 알 수는 없다. 다만 아래 구절을 통해 짐작해볼 수 있을 것이다.

> 곧 계시로 내게 비밀을 알게 하신 것은 내가 먼저 간단히 기록함과 같으니 그것을 읽으면 내가 그리스도의 비밀을 깨달은 것을 너희가 알 수 있으리라(엡 3:3-4).

위의 말씀으로 미루어 보았을 때 바울 사도는 이 사실을 깨닫고 너무 엄청나서 말문이 막혔던 것 같다. 마치 새로운 세계가 열리는 것 같았을 것이다. 유대인만 생각했던 그가 그 후부터는 온 세상을 품게 되었고, 자신이 이방인의 선교사가 된 것에 관해 더욱 확신하게 되었다.

이것을 우리에게 적용해 본다면, 우리가 믿음으로 의롭다 함을 받았다면 이제는 혼자가 아니라 구약의 많은 위대한 성도들의 대열에 함께 서 있다는 것이다. 히브리서 11 장에 나오는 모든 믿음의 조상이 곧 우리의 조상들이고, 우리 또한 그들의 삶을 통해서 입증된 믿음을 가지고 사는 것이다. 따라서 우리의 믿음은 계속 이스라엘 백성을 통해서 그 효력이 확인된 믿음이다. 이제 우리에게는 이런 믿음을 우리만 갖고 있지 말고 세상 모든 족속에게도 나누어 주어야 할 의무가 있다.

힌트

> 위의 사실로 미루어 보아 아브라함은 할례가 아니라(할례는 의롭다 함을 받은 것을 확인하기 위하여 된 것임) 믿음으로 의롭다 함을 받은 것이 분명하다. 이로써 우리도 그리스도를 믿음으로 아브라함과 같이 의롭다 함을 받은 것을 알 수 있다. 따라서 다음과 같이 찬양할 수 있다.
>
> 십자가 십자가 내가 처음 볼 때에
> 나의 마음에 큰 고통 사라져
> 오늘 믿고서 내 눈 밝았네
> 참 내 기쁨 영원하도다
> (찬송가 151 장 후렴)

워크숍

1. 본문을 여러 번 읽고 본문의 핵심을 한 문장으로 요약해 보라.

참고

아브라함이 갈대아 우르에서 부르심을 받은 시기	아브라함이 의롭다 함을 받은 것을 확인받은 시기	아브라함이 할례받은 시기
창 12:1-4 (75 세)	창 15:6 (85 세)	창 17:9-14 (99 세)

2. 본문의 내용 가운데 자신의 신앙에 가장 크게 도움이 된 부분을 서로 나누어 보라.

3. 바울 사도는 다윗도 역시 믿음으로 의롭다 함을 받았다고 주장하고 있다. 이에 대하여 설명하고, 이런 사실을 자신에게 적용한 후 그 결과에 대해 서로 나누어 보라(4:4-8).

4. 바울 사도는 유대인들의 조상이 어떻게 의롭다 함을 받았는가에 대해서 말한 후, 유대인들이 가장 중요시하고 있는 또 하나의 의식을 예로 들었다. 대부분 유대인들은 할례를 받았는데 그들은 할례를 받으면 자동으로 하나님 앞에 의롭다 함을 받는 것으로 착각하였다. 바울 사도는 본문에서 이 생각이 왜 잘못되었다고 말하는가(4:9-12)?

5. 이 과에서 바울 사도가 주고자 하는 가장 중요한 메시지는 오직 믿음으로만 하나님의 의를 받는다는 것이다. 이것을 모르고 우리는 다른 방법으로 하나님 앞에 나가려고 노력할 수 있다. 우리의 경험에 비추어 볼 때 우리가 '믿음' 대신 어떤 것들을 내세우는 잘못을 범할 수 있다고 생각하는가(본문 참조)?

6. 지금까지 공부한 내용을 모르는 사람에게 어떻게 설명하는 것이 가장 좋은지 서로 의견을 나누어 보라. 더 나아가서 누구에게 이 소식을 전할 것인가에 대해서도 생각해 보고, 그것을 그룹원들과 나누고 나눌 대상을 위하여 기도하는 시간을 갖기 바란다(본문 참조).

7. 믿음으로 의롭다 함을 받는다는 소식은 하나님의 계시에 근거한 것이고 유대인과 이방인 모두에게 적용되는 우주적인 메시지이다. 이 메시지를 받고 의롭다 함을 받았다면 감사의 말을 한마디씩 나누어 보라.

나의 기도

오 하나님 아버지, 제가 받은 하나님의 의(義)가 사람이 지어낸 것이 아니라, 구약과 신약을 통해서 우리에게 전해진 하나님의 계시에 근거한 것임에 대해 감사합니다. 아브라함의 믿음, 다윗의 믿음, 그리고 기드온의 믿음과 그 외 수없이 많은 성도와 같은 믿음을 저도 갖게 된 것을 감사합니다. 그리고 이것은 저만 위한 것이 아니라, 유대인과 이방인 모두를 위한 것임을 감사합니다. 이제는 이것을 저만 소유하거나 독점하지 않고, 내 주위에 있는 다른 사람들에게도 전하기를 원합니다. 예수님의 이름으로 기도합니다. 아멘.

8

이신칭의(以信稱義)와 구약의 언약과의 관계

로마서 4:13-25

먼저 성경 본문을 여러 번 읽으시오.

바울 사도는 여러 번에 걸쳐서 우리가 오직 믿음으로만 하나님의 의를 얻을 수 있다고 말했다. 이 과에서도 역시 바울 사도는 계속 그 주제에 대하여 말하고 있다. 이번에는 아브라함과 그 후손들이 결코 율법을 지킴으로써가 아니라, 오직 언약(言約)으로 하나님의 백성이 되었고, 또한 이 언약은 모든 믿는 사람들에게 유효하다고 말하였다. 이것은 유대인들이 생각했던 것처럼 자신들이 받은 율법으로 말미암아 하나님의 백성이 된다는 것과는 사뭇 다른 논리였다.

이 본문을 통해서도 바울 사도는 그 당시 유대인들이 믿고 있었던 오해를 바로잡아 주고 있다. 바울 사도는 만일 율법으로 하나님의 백성이 된다면 언약은 무용지물일 것이라고 하였다. 이는 믿음으로 하나님의 자녀가 된다는 말을 강조하기 위해서 한 말이다. 그는 이 언약이 율법을 받은 유대인이나 율법을 받지 못한 이방인 모두에게 유효하다고 하였다. 그 예로 역시 아브라함을 들고 있다. 아브라함은 율법을 받기 전에 하나님의 말씀을 그대로 믿었고 많은 민족의 믿음의 조상이 되었다.

연이어서 바울 사도는 하나님의 백성이 되기 위한 믿음의 성격에 관해 설명하고 있다. 아브라함은 100세나 되어서 자녀를 가질 수 없었지만, 하나님이 주실 것을 믿은 것이 바로 그를 의롭게 한 믿음이라고 설명하였다. 아브라함은 없는 자를 있는 것같이 믿었다. 하나님께서는 그 믿음을 보고 아브라함을 택하셨다. 그는 인간적으로 보아서는 불가능한 일이지만 하나님은 하실 수 있다고 믿었고 마침내 이삭을 자녀로 받았다.

우리의 믿음도 마찬가지이다. 예수 그리스도께서 우리 죄를 위해서 십자가에서 돌아가신 것과 죽은 자 가운데서 다시 살리시는 것을 믿는 사람들의 믿음은, 눈에 보이지 않지만, 후손을 주실 것을 믿은 아브라함의 믿음과 질적(質的)으로 같은 것이다. 다만 지금은 이 믿음의 대상이 좀 더 명확해졌다. 즉 "예수는 우리가 범죄한 것 때문에 내어줌이 되고 또한 우리를 의롭다 하시기 위하여 살아나셨느니라"(4:25)고 하신 말씀을 믿는 것이다. 이것은 역사적인 사실이며 더 나아가 복음서를 포함한 성경 여러 곳에 기록되었다. 이 사실을 믿는 사람은 100세나 되어서 아들을 주실 것을 믿은 아브라함과 같은 종류의 믿음을 가진 것이라고 했다. 그런 사람들은 결국 하나님의 의(義)를 은혜로 받게 된다.

가. 이신칭의와 하나님의 약속과의 관계(4:13-17)

언약과 율법의 역할(4:13-15)

아브라함이나 그 후손들이 하나님의 자녀, 즉 후사가 되리라고 하신 언약은 결코 율법으로 말미암은 것이 아니다. 하나님의 약속대로 된 것이다.

이스라엘 민족이 애굽으로 내려간 지 약 430 여 년 후에 출애굽하여 시내산에서 율법을 받았다. 시기적으로 보아서도 언약을 받은 시기와 율법을 받은 시기와는 큰 차이가 있다.

바울 사도는 만일 아브라함이 하나님의 언약, 곧 약속으로 하나님의 백성이 되었다면 율법을 받은 사람이나 받지 않은 사람이나 모두 믿음으로 하나님의 백성이 되는 원칙이 성립된다고 선언하였다. 그리고 반대로 율법을 통해서만 후사가 될 수 있다면 믿음을 통해서 되는 것은 잘못된 것이고, 약속은 무효가 된다고 바울 사도는 반박했다. 그는 더 나아가서 율법은 우리가 죄를 지었다는 사실을 알려줄 뿐이며 구원을 주지는 못한다고 했다. 만일 율법이 없었다면 우리가 죄를 지어도 죄를 범한 줄도 모르고 살 것이라고 말했다.[1]

언약과 그 혜택의 범위(4:16-17)

우리가 하나님의 백성이 될 수 있는 유일한 길은 하나님께서 거저 주시는 의(義)를 믿음으로 받는 방법밖에는 또 다른 길이 없다. 이는 오직 믿음으로써만 가능한 것이다. 이런 경우 율법을 받은 유대인이나 율법을 받지 못했던 이방인이나 모두가 믿음으로 하나님의 백성이 될 수 있다. 이로써 아브라함은 율법을 받은 유대인들에게나 율법을 받지 않은 이방인들, 즉 모든 믿는 사람들의 영적인 조상이 된다. 따라서 영적으로 보아서는 예수를 믿는 모든 이방인도 아브라함의 후손이라 말할 수 있다. 다음 그림을 참고하면 좀 더 쉽게 이런 사실을 이해할 수 있을 것이다.

---

1 Longenecker, *The Epistle to the Romans*, 510-11. 바울 사도는 430 년 후에 모세에게 준 율법보다 훨씬 앞서서 준 아브라함의 믿음으로 의롭다 함을 받는 것을 지적함으로써 의롭다 함을 받는 것이 율법으로써가 아니라 모든 인류에게 약속으로 된 것임을 강조했다.

힌트

하나님께서 아브라함에게 언약을 세운 시기	→ 약 430 년 후 →	이스라엘 백성에게 율법이 주어진 시기
창 17:4-6		갈 3:17

나. 이신칭의와 믿음의 성격과의 관계(4:18-25)

아브라함의 예(4:18-22)

바울 사도는 우리가 율법이 아닌 언약으로 하나님의 의를 받았다는 사실을 확인한 후 계속 아브라함에 대해 말씀하고 있다. 아브라함은 전혀 불가능한 일이지만 하나님이 말씀하셨기 때문에 이루어질 것을 확고하게 믿었다. 즉 하나님께서는 아브라함의 나이 99 세에(창 17:1-8) 자손을 줄 것과(잉태된 것을 기준으로 했을 때), 그가 많은 민족의 조상이 될 것이라고 말씀하셨다. 아브라함은 이 말씀을 그대로 믿었고, 이로써 그는 믿음을 가진 많은 사람의 조상이 되었다. 따라서 우리도 예수 그리스도께서 우리 죄를 위해서 십자가에서 돌아가시고 부활하신 것을 믿는다면 아브라함과 같이 하나님의 의를 받은 사람이 될 수 있다.

사실 이런 믿음은 단순한 믿음이 아니라 매우 확고부동한 믿음이다. 그 당시에는 지금보다 많이 장수하였다 할지라도 성경은 아주 명확하게 100 세가 되었을 때는 태가 닫혀서 더 이상 아이를 낳지 못한다고 말했다. 그 아내 사라의 경우도 마찬가지로 수태할 수 없는 상태였다. 그러나 아브라함은 하나님의 약속을 의심하지 않고 받아들였다. 하나님께서는 그런 믿음을 기뻐하신다. 그리고 하나님은 바로 그런 믿음을 의(義)로 여기셨다. 히브리서 저자는 이렇게 기록하였다.

믿음이 없이는 하나님을 기쁘시게 하지 못하나니 하나님께 나아가는 자는 반드시 그가 계신 것과 또한 그가 자기를 찾는 자들에게 상 주시는 이심을 믿어야 할지니라(히 11:6).

우리의 경우(4:23-25)

하나님께서 아브라함만 의로 여기신 것이 아니다. 바울 사도도 그렇게 여기셨고, 또 그 당시 믿는 사람들도 다 그렇게 여기셨다. 현재 예수님을 믿는 우리도 마찬가지이다. 바울 사도는 믿음의 관점에서 아브라함이 100세나 되어서 믿음으로 이삭을 받은 경우나, 예수 그리스도께서 십자가에서 돌아가셨다가 부활하신 경우를 믿음의 성격에 관한 한 대등하게 취급하였다. 즉 믿음의 관점에서는 전자를 믿은 믿음이나 후자를 믿은 믿음이나 동등한 성격이라는 것이다.[2]

물론 지금 우리가 뒤로 돌아가서 아브라함처럼 할 필요는 없다. 하나님께서는 우리에게 점진적으로 계시를 주셔서 지금은 예수 그리스도가 바로 우리의 믿음의 대상이라고 분명하게 알려 주셨다. 아브라함이 믿음으로 받은 이삭의 경우는 장차 오실 예수 그리스도를 믿고 구원받을 것에 대한 희미한 그림자에 불과하다. 우리는 결코 그런 시대로 다시 돌아갈 필요가 없다. 오히려 우리는 이미 계시된 예수 그리스도를 통해서 더 명확하게 믿게 되었다. 어떤 면에서 아브라함보다는 우리가 더 유리한 시대에 살고 있다.

---

2 Longenecker, *The Epistle to the Romans*, 531-32.

워크숍

1. 본문을 여러 번 읽고 본문의 핵심을 한 문장으로 요약해 보고 서로 나누어 보라.

2. 이 같은 내용을 본문에서 읽고 우리의 신앙을 점검해 보라. 우리는 과연 유대인 같은 주장을 하고 있지 않은지 진단해 보라. 만일 그렇게 하고 있다면 어떤 식으로 이를 고쳐야 하는지 설명하라(4:13-15).

3. 율법으로 의롭다 함을 받는다면, 약속은 소용없게 된다. 또한, 우리는 율법을 지킬 수 있는 힘이 없기에 결국 의롭다 함을 받는 것은 불가능하게 된다. 이런 문제를 해결하기 위하여 어떤 방법을 통해 우리가 하나님의 후사가 된다고 말씀하셨는가(4:14, 16)?

4. 믿음으로 의롭다 함을 받은 우리와 아브라함과의 관계를 설명해 보라. 특히 하나님께서 아브라함을 많은 민족들의 조상으로 세우셨음을 알았을 때, 우리는 많은 민족에 대해 어떤 책임을 가지고 있다고 생각하는지 서로 나누어 보라(4:16-17).

5. 우리를 의롭다 하시는 하나님의 능력에 대하여 어떤 것들을 배울 수 있는가(4:17)?

6. 본문은 아브라함의 믿음에 대하여 소상히 설명하고 있다. 아브라함이 100세가 되어서 자녀를 낳을 것이라는 사실을 믿는 데 어떤 어려움이 있었을지 서로 나누어 보라. 쉬웠으리라고 생각하는 사람은 그 이유가 무엇인지 설명해 보라. 그리고 어려웠을 것이라고 생각하는 사람도 그 이유가 무엇인가를 서로 나누어 보라. 우리는 이것을 통해 어떤 교훈을 얻을 수 있는가(4:18-22)?

7. 아브라함이 100세에 아들을 낳으리라는 것을 믿은 것과 예수 그리스도께서 우리 죄를 위하여 십자가에서 돌아가시고, 사흘 만에 우리를 의롭게 하시려고 다시 살아나신 사실을 믿는 것을 비교해 보고 현대의 그리스도인들이 유리한 점에 대해서 서로 나누어 보라(4:23-25).

8. 전 과와 이 과에서는 우리가 믿음으로 의롭다 함을 받는 것을 공부했다. 이 과를 마치면서 다시 한번 우리의 신앙을 점검할 필요가 있다. 과연 우리는 순수한 믿음으로 의롭다 함을 받았는가? 그렇지 않으면 교회에 열심히 출석했기 때문에, 혹은 모태 신앙인이기 때문에, 혹은 열심히 헌금했기 때문이라고 생각하지는 않는가? 만일 그렇다면 이 과에서 배운 대로 수정해야 한다. 각자 수정작업을 한 후에 간단히 그 내용을 요약하고 이것을 그룹원들끼리 서로 나누어 보라.

나의 기도

사랑하는 하나님 아버지, 우리를 구원하시기 위해서 아브라함과 다윗의 신앙을 본보기로 주시고, 율법을 하나의 선생님처럼 사용하시고, 더 나아가서 언약들을 주신 것에 대해 감사드립니다. 또 우리에게는 예수 그리스도를 통한 죄 사함과 더불어 새로운 생명을 주신 것에 대해서도 감사드립니다. 우리는 이런 사실을 믿고 구약의 성도들과 같이 하나님의 의를 받았습니다. 이런 사실은 우리만 위한 것이 아니라, 온 세계에 있는 모든 족속도 위한 것인 줄을 알게 되었습니다. 우리가 이런 사실을 어떻게 그들에게도 나누어 줄 것인가에 대해 알려주옵소서. 그리고 우리가 이를 위해 참여할 수 있도록 도와주시옵소서. 무엇보다도 우리를 믿음으로 의롭다 해 주신 것에 대해 다시 한번 감사를 드립니다. 그리고 하나님 아버지께 영광과 찬양을 돌립니다. 세세토록 영광을 받아 주시옵소서. 예수님의 이름으로 기도한다. 아멘.

9

이신칭의(以信稱義)가 주는 축복들

로마서 5:1-11

먼저 성경 본문을 여러 번 읽으시오.

4 장에서는 우리가 오직 믿음으로만 의롭게 된다는 사실에 대해 말하였다. 바울 사도는 이스라엘 백성의 조상 중에 대표적인 인물인 아브라함과 다윗을 예로 들었다. 할례와 언약의 관점에서 보았을 때도 결국은 오직 믿음으로만 의롭다 함을 받는다는 사실을 누누이 설명했다. 따라서 우리가 믿음으로 의롭다 함을 받는다는 것이 더 명확해졌다. 바울 사도는 이 같은 사실을 5:1 에서 다시 한번 요약해서 다음과 같이 선언하였다.

> 그러므로 우리가 믿음으로 의롭다 하심을 받았으니 우리 주 예수 그리스도로 말미암아 하나님과 화평을 누리자(5:1).

연이어서 믿음으로 의롭다 하심을 받는 사람들에게 주어지는 축복들에 관해 설명했다. 예를 들면 하나님으로 더불어 누리는 평화, 늘 넘쳐흐르는 은혜, 누릴 영광을 생각할 때 오는 즐거움 등이 바로 그런 것들이다(5:1-2). 이런 즐거움은 모든 일이 잘될 때뿐만 아니라, 환난 중에도 없어지지 않는 것이다. 또 환난은 인내를, 인내는 연단을, 연단은 소망을 더 확고하게 해 주기 때문에 누리는 즐거움이다(5:3-5).

소망이 끊어지지 않는 것은 하나님의 사랑이 끊어지지 않고 계속 공급되기 때문이다. 바울 사도는 우리가 이런 사랑으로 말미암아 의롭다 함을 받았다고 선언했다. 이를 한마디로 요약해 볼 때, 우리는 오직 믿었고 하나님은 계속 사랑을 베푸셨다. 즉, 하나님께서 그 아들을 우리 대신 십자가에 못 박혀 죽게 하시기까지 우리를 사랑하셔서 의롭다 함을 받게 되었다.

우리가 이렇게 받은 하나님의 의(義)는 한편으로는 죄 사함을 의미하고, 다른 한편으로는 우리도 주님의 생명을 함께 누리는 것을 의미한다. 구원이 만일 죄 사함을 받는 데서 끝났다면 아마 우리는 구원받기 전과 크게 나아질 것이 없을지도 모른다. 왜냐하면 구원받기 전이나 후에나 우리 힘으로서는 죄를 짓지 않고 살 수 있는 능력이 없기 때문이다. 단순히 죄 사함만 받는 데서 그친다면 우리는 앞으로도 과거와 마찬가지로 또 죄를 지을 것이다. 과거의 죄는 용서받았지만 계속 짓는 죄 때문에 우리가 의롭게 사는 데는 그리 큰 진보가 없었을 것이다. 그러나 거기서 끝나지 않고 주님이 죽으신 후 다시 살아나심을 통해서 우리에게도 주님의 생명을 공유할 수 있게 해 주셨다. 주님과 함께 주님의 부활하신 생명을 누릴 수 있는 복을 주셨다는 것이다.

가. 이신칭의가 주는 축복의 예(5:1-5)

우리는 믿음으로 의롭다 하심을 얻었다. 따라서 우리는 마땅히 하나님과 더불어 다음과 같은 복을 누릴 수 있다.

첫째, 우리는 화평을 누릴 수 있다. 과거 우리가 범죄했을 때는 하나님과 원수가 된 상태였다. 하나님이 우리를 적대시해서가 아니라 우리가 지은 죄 때문이다. 하나님은 우리의 불의를 그대로 묵인하고 받아 주실 수 없었다. 하지만 이제는 예수 그리스도의 희생적인 죽음으로 우리 죄의 대가가 지급되었으므로 우리를 받아 주실 수 있게 되었다. 하나님과 우리의 관계가 이렇게 해서 화목케(reconciled) 되었다. 따라서 우리는 더 이상 하나님 앞에서 두려워하지 않고 화평을 누릴 수 있게 되었다. 어떤 죄인이라도 예수 그리스도의 십자가의 공로만 의지하면 화평을 누리게 된다. 다시는 양심의 가책도 받을 필요가 없게 된다. 그 이유는 우리의 양심이 둔해져서가 아니라, 예수 그리스도께서 십자가에서 흘리신 보혈로 양심의 가책을 전혀 받지 않을 정도로 정결케 되었다는 뜻이다.

둘째, 우리는 은혜 안에서 살 수 있다. 바울 사도는 여기에서 믿음으로 말미암아 은혜를 받을 수 있으며, 또 계속해서 이 은혜를 경험하고 사는 것을 말씀하고 있다. 우리가 처음 예수 그리스도를 믿었을 때 우리가 자격이 있어서가 아니라 하나님의 일방적인 사랑 때문에 된 것인데, 바로 이것을 은혜라고 말할 수 있다. 값을 주고 산 것이 아니라 거저 받은 것이 곧 은혜이다. 은혜로 죄 사함을 받고 의롭다 함을 받은 이후에도 우리는 계속해서 은혜로 하나님 앞에 나아갈 수 있다.

셋째, 우리에게 즐거움이 있다. 이 즐거움은 세상이 주는 즐거움이 아니다. 이것은 하나님의 영광을 바라보며 즐거워하는 것을 의미한다. 이런 즐거움은 환난이 찾아와도 없어지지 않는다. 오히려 환난은 인내를 가져다주고, 인내는 연단 곧 성숙한 신앙을 가져다주고, 연단은 더 큰 소망을 갖게 해 준다. 이래서 우리가 과거를 되돌아보았을 때는 우리에게 죄 사함이 있어서 즐거워하고, 미래를 보았을 때는 하나님이 우리를 데리러 오실 것이기 때문에 즐거워한다. 비록 지금은 환난이 있어도 그 환난을 통해서 인내와 성숙한 인격이 이루어지고, 더 나아가서 이로 인해 소망이 더 커질 것이기 때문에 즐거워할 수 있다.

힌트

그러므로(therefore, 1 절): 이 말은 3:21 부터 여기까지의 모든 내용을 미루어 보라는 뜻이다.[1]

화평을 누리자(화평을 누린다[NASV], we have peace with God, 1 절): 초대 교인들은 "화평을 누리자"라는 해석을 사용했다. 그러나 "화평을 누린다"가 문맥상으로 보다 더 적절하다.

들어감을 얻었으며(gained access, 2 절): 우리 자신은 들어갈 자격이 없으나 그리스도께서 우리를 은혜 안으로 들어가도록 하셨으며, 지금도 그렇게 하고 계신다.[2]

서 있는(we now stand, 2 절): 은혜를 누리고 있는 상태를 말한다.[3]

즐거워하느니라(rejoice, 2-3 절): 하나님을 믿고 확신을 얻었기 때문에 마음속 깊은 곳으로부터 만족을 누리는 것을 말한다.

환난(suffering, 3 절): 이 말은 원래 포도즙 틀에서 포도들이 으깨어지는 것을 데 사용되었다. 그런 환난 가운데도 즐거워할 힘을 주께서 주신다.[4]

연단(character, 인정받은 인격[NASV], 4 절): 노병과 같이 이미 전쟁에서 온갖 어려움을 겪고 자격을 인정받은 상태를 의미한다.

소망이 부끄럽게 아니함(5 절): 소망이 확실하다는 말이다.

---

1 F. F. Bruce, *Romans*, Tyndale New Testament Commentaries (Leicester, England: IVP, 1990), 113.

2 Bruce, *Romans*, 114. "this peace with it free access to God; the former rebels are not merely forgiven by having their due punishment remitted; they are brought into a place of high favour with God—this grace in which we stand." 이 화평과 함께 하나님 앞에 자유롭게 나아갈 수 있는 특권을 얻게 되었다. 과거의 죄인이었던 사람이 자신들의 죄만 용서만 받은 것이 아니라 하나님의 크고 큰 혜택도 함께 받았다. 바로 이런 은혜를 우리가 받은 것이다(필자 역).

3 Black, *Romans*, 82.

4 Bruce, *Romans*, 115. Every one who discerned the hope of glory in the suffering could rejoice…… chiefly in God—'God my exceeding joy' as the psalmist said Ps. 43:4. 고난 중에라도 하나님의 영광에서 소망을 찾은 자마다 기쁨이 충만할 수 있다. 특히 시편 43:4 과 같이 '하나님 자신이 바로 그 기쁨이 넘치는 경우' 그렇다(필자 역).

나. 이신칭의와 하나님의 사랑의 크기(5:6-8)

우리가 의롭다 함을 받았을 때의 상태를 이해한다면 하나님의 사랑이 얼마나 큰지 알 수 있다. 바울 사도는 이것을 세 단계로 설명했다. 첫째, 우리가 연약할 때 약속하신 대로 사랑 때문에 그리스도께서 죄 많은 사람을 위해서 죽으셨다. 둘째, 의인(義人)을 위해서 죽는 것은 가끔 있을 수 있는 일이다. 즉 대가를 치를 만한 가치가 있는 사람들을 위해서는 가끔 누군가 대신 죽을 수도 있다. 그러나 사랑이 아니고서는 가치 없는 사람을 위해서 죽을 수 없다. 셋째, 죄인을 위해서 자기 생명을 바치는 것은 더더욱 어려운 일이다. 그러나 그리스도께서는 우리가 죄인으로 있을 때 우리 대신 십자가에서 우리 죄를 짊어지고 돌아가셨다. 이것을 가능케 하신 하나님의 사랑은 이루 다 말할 수 없이 큰 것이다. 이렇게 세 단계에 걸쳐서 바울 사도는 하나님께서 우리를 얼마나 사랑하셨는가에 관해 설명하였다.

이런 의미에서 보았을 때 사랑의 크기는 5:8에서 절정에 이룬다고 볼 수 있다. 전혀 자격이 없는 우리를 위하여 하나님께서 대신 아들을 보내셔서 십자가에 못 박혀 죽게 하심으로 하나님의 크신 사랑을 증명하셨다. 바로 이런 하나님의 큰 사랑이 있었기에 우리는 아무리 큰 죄를 범한 사람이라 할지라도 하나님의 사랑 앞에서 마음이 녹고, 죄의 문제와 양심의 문제가 해결되는 것을 알 수 있다. 한 찬송가 작가는 이런 하나님의 사랑을 깨닫고 다음과 같은 찬송을 작사했다.

> 만왕의 왕 내 주께서 왜 고초 당했나
> 이 벌레 같은 나 위해 그 보혈 흘렸네
> 십자가 십자가 내가 처음 볼 때에 나의 맘에 큰 고통 사라져
> 오늘 믿고서 내 눈 밝았네 참 내 기쁨 영원하도다
> (찬송가 151 장)

이는 본문 내용을 가장 잘 표현하고 있는 찬송 중에 하나라고 볼 수 있다. 그런 사랑을 받고서도 아직 하나님과 평화를 누리지 못하고, 은혜를 경험하지 못하고, 즐거움을 누리지 못한다면 지금 주님 앞에 나와서 자신의 죄를 회개하고 주님을 영접함으로써 이런 복들을 누리며 살 수 있게 되기를 바란다.

힌트

> **연약할 때에(6 절)**: 이는 우리 스스로 의(義)를 이루지 못할 때를 의미한다. 이러한 때에 그리스도께서 우리를 위해 죽으심으로 우리를 의롭다고 해 주셨다.[5]
>
> **경건하지 않은(ungodly, 6 절)**: 1:18 과 4:5 을 참조하라.
>
> **죄인(sinners, 8 절)**: 3:23 을 참조하라.
>
> **죽으심(8 절)**: 그리스도께서는 의롭지도 못하고 선하지도 못한 우리를 위하여 죽으셨다. 그렇게 하신 이유는 그리스도께서 우리를 사랑하셨기 때문이다.

다. 이신칭의가 주는 죄 사함과 새로운 차원의 삶(5:9-11)

본문 5:9 에서 "그러면"이라는 말이 또 한 번 나오고 있다. 이 "그러면"은 앞의 4 장과 5:1-8 의 내용 전체를 종합하여 얻어진 결론을 의미한다. 그런 결론의 관점에서 보았을 때 우리는 예수 그리스도의 피, 곧 예수 그리스도의 죽으심으로 의롭다 함을 받았다면, 예수 그리스도의 살아나심, 즉 부활하신 주님의 생명을 통해 하나님의 진노하심에서 구원받고 안전하게 될 수 있다는 것이다. 죄 사함이 소극적인 의미라면, 우리가 죄 사함을 받은 후에 주님의 생명력을 의지하여 죄를 이기며 승리의 삶을 사는 것은

---

[5] Harrison, *Romans*, 58.

적극적인 의미이다. 이때에 '사는 것'은 곧 그리스도와 함께 사는 것을 의미한다.

골로새서에서는 이 같은 사실을 우리의 생명이 그리스도의 생명과 신비스럽게 연합되었다라고 한다(골 3:4 참조). 아직은 외적인 상황이 변함이 없을지라도 내적으로는 혼자가 아니라 예수 그리스도와 함께 살게 되었다. 예수 그리스도는 나의 생명이며, 나는 예수 그리스도 안에 있다. 따라서 하나님 아버지도 나와 함께 하시며, 성령께서도 내 안에 내주하시면서 나와 함께 동행(同行)하신다. 이로써 삼위일체 하나님께서 함께하시는 새로운 삶이 우리에게 전개(展開)된 것이다.

우리는 예수님의 죽으심, 예수님의 부활하심, 그리고 예수님의 생애 때문에 즐거워할 수 있다. 이렇게 즐거운 삶을 살다가 천국에서 더욱더 큰 즐거운 삶을 누리게 될 것이다. 천국은 즐거운 곳이라 생각된다. 죄와 어두움이 없는 곳이므로 즐거울 수밖에 없다. 이런 천국적인 삶은 비단 천국에서만 아니라, 이 땅에서도 누릴 수 있게 되었다. 우리는 모두 이런 삶을 살아가면서 세상 모든 족속에게도 이런 삶을 나눠 주어야 한다.

힌트

> **그 피(His blood, 9절)**: 성경에서 '피'는 생명을 의미할 때가 많다. 따라서 피를 흘렸다는 것은 그리스도께서 그의 생명을 희생하신 것을 의미한다.
>
> **구원을 얻을 것이니(shall we be saved, 9절)**: 이 구절에 대해서는 다음과 같은 여러가지 해석이 있다.
>
> ① 그리스도의 생애를 나누어 받음으로 우리가 구원을 얻을 것이다 (Goodspeed).
>
> ② 그리스도께서 우리 안에 사심으로 우리도 구원을 얻을 것이다 (Phillip).

③ 부활하신 그리스도께서 우리를 지금부터 영원까지 구원하여 주실 것이다(Harrison).

④ 우리 속에 계신 성령님(그리스도)께서 우리를 구원해 주실 것이다.

하지만 "오직 의인은 믿음으로 말미암아 살리라"(1:17)의 주제 내용을 미루어 보아, 또는 5:9-11 의 문맥으로 미루어 보아 ③번이 가장 적합한 해석임을 알 수 있다.

워크숍

1. 본문을 여러 번 읽고 본문 가운데 나타나는 복(福)의 내용에 대해 나누어 보라(5:1-11).

2. 본문의 내용을 한 문장으로 표현해 보라. 우리는 언제나 이 메시지를 묵상하며 이를 통해 하나님께 영광 돌리는 삶을 살아야 한다.

3. 우리는 이처럼 엄청난 하나님의 복을 받았음에도 불구하고 이를 누리지 못하고 억눌린 가운데 살 수 있다. 이럴 때 우리는 이 본문의 말씀에 따라 마음의 자세를 새롭게 다듬어야 한다. 특별히 화평을 누리도록 해야 한다. 우리가 하나님과 화평을 누린다면 다른 모든 것은 부수적인 것에 지나지 않게 된다. 오늘 그룹원들과 서로 화평을 누리고 있는가를 확인해 보고, 그렇지 않다면 그 이유를 서로 나누기 바란다. 그리고 화평을 누릴 수 있도록 이 본문을 자신의 마음에 적용하기 바란다(5:1).

4. 우리는 처음에 은혜를 통해서 하나님의 의를 받았다. 그러나 그 이후 우리에게 은혜가 더 이상 주어지지 않는다면 우리는 스스로 신앙생활을 유지할 수 없다. 본문에서는 우리가 은혜를 풍성히 받았다고 말하고 있다. 서로 받은 은혜에 대해서 나누기 보라. 더 나아가서 은혜가 언제 나에게 가장 필요한가를 서로 나누어 보라(5:2).

5. 본문은 의롭다 함을 받은 사람들은 마음속에 항상 즐거움이 있다고 말하고 있다. 우리가 누릴 수 있는 즐거움에 대해 서로 나누어 보라. 아울러 우리가 그런 즐거움을 누릴 수 있는 이유도 함께 나누어 보라(5:3-5).

6. 본문을 통해서 아무 근거 없이 우리가 하나님의 복을 받는 것이 아니라는 점을 알 수 있다. 어떤 근거로 우리가 하나님의 복을 받을 수 있다고 확신할 수 있는지 설명해 보라. 특히 5:8 은 요한복음 3:16 에 버금가는 중요한 내용이다. 이를 좀 더 구체적으로 설명하고 우리에게 주는 의미에 대해서 서로 나누어 보라(5:6-8).

7. 하나님의 의를 받는다는 것은 이루 말할 수 없을 정도로 큰 축복이다. 더 구체적으로 설명했을 때 두 가지로 압축되는데 본문을 통해서 이를 설명해 보라(5:9-11).

8. 이 과를 공부하면서 자신의 신앙생활을 다시 한번 점검해 볼 필요가 있다. 과연 하나님의 의도대로 신앙생활을 하고 있는지 이 본문에 비추어 보고 서로 나누어 보라. 과연 우리가 하나님이 의도하셨던 대로 복을 모두 누리고 있는가 말이다. 하나님께서 엄청난 복을 주셨음에도 불구하고 그것을 누리지 못하고 죄의식과 불안과 초조함 속에서 살고 있는가 평가해 보기 바란다. 만일 그렇지 못하다면 이 말씀에 근거하여 새로운 삶을 살아야 한다.

나의 기도

사랑하는 하나님 아버지, 너무나 오랫동안 하나님과 화평하지 못하고 살다가 예수 그리스도의 공로로 하나님과 화목되었습니다. 하지만 그렇게 된 후에도 이 사실을 알지 못하고 불안한 가운데 대부분의 신앙생활을 하였습니다. 이제는 하나님과 더불어 화평을 누리겠습니다. 은혜를 마음껏 받겠습니다. 어떤 환난도 빼앗아갈 수 없는 즐거움을 맛보며 살겠습니다. 때로는 이런 환난이 나에게 더욱 성숙한 그리스도인이 되게 해 줄 것을 믿고 계속 즐거워하겠습니다. 이와 같은 엄청난 복을 주신 것은 내가 자격이 있어서가 아니라 5:8 말씀처럼 "우리가 아직 죄인 되었을 때 하나님께서 우리에게 대한 자기의 사랑을 확증하셨기" 때문인 것을 분명히 믿습니다. 이제는 죄 사함만 있는 것이 아니라, 더 나아가서 주님의 부활하신 생명이 내 속에 있으므로 주님이 사신 것처럼 이 땅에서 살다가 영원한 천국에까지 들어갈 수 있는 것에 감사합니다. 이런 복을 주신 하나님께 영광과 찬송과 경배를 드립니다. 예수님의 이름으로 기도합니다. 아멘.

10

이신칭의(以信稱義)와 새로운 소속감(所屬感)

로마서 5:12-21

먼저 성경 본문을 여러 번 읽으시오.

본문에서 바울 사도는 우리의 근본적인 신분(소속)에 대해 다루었다. 우리가 이전에는 아담의 후손으로서 원죄(原罪)의 영향 아래 있었지만, 이제는 예수님을 믿음으로써 예수님 안으로 새롭게 이전(移轉)되었다. 이는 마치 이민(移民)을 가는 것처럼 한 나라의 호적을 떼어서 새로운 나라로 입적(入籍)하는 것과 같은 의미이다. 이런 체계(하나님의 나라)는 예수 그리스도께서 십자가에서 돌아가시고 부활하심을 통해서 현실로 나타났다. 따라서 한때 아담 안에 있었던 우리도 그 관계가 그리스도의 죽으심과 함께 끊어졌고, 그리스도의 살아나심과 동시에 새롭게 그리스도 안으로 이적(移積)되어 그 안에서의 삶을 누리게 되었다.

이제는 옛날에 우리를 지배했던 원리에 매어 살지 않게 되었다. 옛날 원리는 죄를 지으면 정죄를 받고 심판을 받아 사망에 이르렀다. 그러나 이제는 은혜를 통해서 의(義)를 경험한 사람은 의(義)가 삶 속에 왕 노릇 하고, 은혜는 항상 이러한 질서를 유지할 수 있도록 함으로써 궁극적으로 영생의 열매를 맺게 한다. 이러한 새 신분과 새 질서와 새 원리 속에서 사는 그리스도인은 큰 축복을 받았다고 할 수 있다.

이런 내용은 5:20-21에서 절정에 이르게 된다. 바울 사도는 5:1-11에서 우리가 믿음으로 의롭다 함을 받았다는 것과 이를 통한 혜택에 대해서 말한 뒤, 이제는 새로운 각도에서 말씀을 시작했다. 좀 더 넓은 관점에서 보았을 때 우리가 의롭다 함을 받았다는 것이 무엇을 의미하는가를 설명하고 있다.

그 개요는 다음과 같다. 우리가 죄를 지었다는 사실을 알게 해주기 위하여 율법이 우리에게 주어졌다는 점을 전제한다. 이런 상황에서는 죄가 더한 곳은 심판도 더할 수밖에 없다고 해야 논리적일 것이다. 그런데 바울 사도는 오히려 "…… 죄가 더한 곳에 은혜가 더욱 넘치니" 라고 선언하였다(5:20). 이것은 우리가 의롭다 함을 받기 전에 갖고 있던 생각과 전혀 다른 논리이다. 이전의 논리로 죄와 불의와 심판이 우리 가운데서 왕 노릇 했기에 그 결과는 사망으로 이어졌다. 그러나 이제는 은혜와 하나님이 우리에게 주신 의(義)가 왕 노릇 하게 되었다. 그 결과 영생(永生)으로 이어지는 새로운 질서(하나님의 나라)가 조성되었다.

가. 아담과 예수 그리스도의 대비(5:12-16)

아담의 범죄와 그 영향—우리의 죄성(5:12-14)

이 부분에서 다시 한번 창조의 근원까지 거슬러 올라가서 우리가 어떻게 해서 창조되었는가를 설명하고 있다. 창세기 1-3장을 요약해서 우리의 근원에 대해서 잘 말씀해 주고 있다. 한 사람 아담으로부터 죄가 이 세상에 들어오고, 아담 이후에 태어나는 모든 사람에게 영향을 주게 되었다.

따라서 날 때부터 죄인인 사람들은 자신들의 죄성(罪性) 때문에도, 또 자신들의 범죄를 통해서도 죄인이 된다. 아담의 경우처럼 죄가 없는 상태로 창조되었으나, 자신이 죄를 지으므로 죄인이 된 경우와 우리의 경우는 다르다. 아담의 후손인 우리는 날 때부터 이미 죄성을 가지고 탄생했기 때문에 실제로 죄를 짓지 않은 상태에서까지도 죄인이었다. 이것이 바로 원죄(原罪)이다. 아담 이후로 모든 사람이 이 원죄를 가지고 태어났기 때문에 모든 사람이 죄인일 수밖에 없다. 따라서 모든 사람이 사망에 이르게 되었다.

율법이 있기 전에도 이러한 문제는 있었다. 아담으로부터 모세에 이르기까지 이런 죄는 계속 존재하고 있었다. 단지 율법이라는 기준이 없었으므로 자신들이 죄인인지 모르고 살 수 있었을 것이다. 물론 이때에도 양심이 있었으므로 핑계는 댈 수 없었을 것이다. 여하튼 이들 속에도 엄연히 죄가 존재했기 때문에 그들도 사망에 이르렀다.

한 사람 아담 때문에 죄가 세상에 들어왔고, 예수 그리스도 한 분이 오셔서 모든 인류의 죄를 짊어지시고 돌아가셔서 그 안에 있는 모든 사람에게 혜택이 미친 것은 한 분 예수 그리스도 때문이다. 아담이 죄의 원조라면 예수 그리스도는 은혜의 원조이시다. 아담이 인류의 조상이었다면 예수 그리스도는 새로운 인류, 즉 예수 그리스도를 믿는 사람들의 조상이 되신다는 의미이다.

예수 그리스도의 구속과 그 영향—새로운 차원의 삶(5:15-16)

은혜의 원조이신 예수 그리스도는 아담과는 비교될 수 없을 정도로 새로운 면을 가지고 계신다. 아담을 통해서 모든 사람이 죄를 범했다면 예수 그리스도를 통해서 이루어진 은혜는 그보다 더 크게 영향을 끼칠 수밖에 없다. 아담의 죄가 많은 사람에게 영향을 주었다면, 예수 그리스도의 은혜는 더 많은 사람에게 넘쳐흐를 정도로 혜택을 주었다. 아담의 범죄가 많은 사람을 심판과 사망에 이르게 하였지만 예수 그리스도께서 십자가에 죽으심으로써 더 많은 사람에게 의롭다 함을 줄 수 있게 되었다.

이렇게 아담과 예수 그리스도를 비교해 보았을 때 상상할 수 없는 큰 차이가 있음을 알 수 있다. 그 혜택의 차이점이 동(東)과 서(西), 하늘과 땅의 차이만큼이나 크다. 한때 우리 모두 아담이 범한 죄의 영향과 또 우리의 지은 죄들로 인해 영원히 죽을 수밖에 없었다. 하지만 이제 예수 그리스도를 믿음으로 말미암아 하나님의 의를 얻고 새로운 차원의 삶을 살게 되었다. 예수 그리스도의 후손으로서 예수 그리스도가 주시는 은혜의 혜택을 받고, 예수 그리스도와 함께 생명을 누리게 되었다. 이런 새로운 차원의 삶을 누리게 된 것에 대해 우리는 한없이 감사하고 하나님께 영광을 드려야 할 것이다.

나. 구체적인 대비(5:15-21)

은혜와 범죄의 대비(5:15)

한 사람의 범죄가 많은 사람에게 사망을 가져다준 것에 비해 한 분 예수 그리스도로 말미암은 은혜는 많은 사람에게 죄 사함을 가져왔다. 한쪽은 한 사람이 많은 사람을 파괴했고, 다른 한쪽은 한 사람이 많은 사람을 치유하고 새롭게 창조하였다. 아담의 범죄도 그 영향이 매우 컸지만, 한 사람 예수 그리스도의 은혜는 질적 양적으로 비교할 수 없이 더 큰 효과를 가져왔다. 이것이 곧 하나님의 은혜의 깊이이기도 하다. 죄가 한강이었다면 은혜는 태평양과 같고, 죄가 지구였다면 은혜는 우주와도 같은 것이다. 죄가 개미였다면 은혜는 코끼리로 비교될 수 있다.

우리는 이제 옛 신분이나 질서 가운데 있지 않고 새로운 신분과 새로운 질서(하나님의 나라) 속에 사는 사람, 즉 은혜로 사는 사람들이다. 이런 사람들은 신적(神的, divine)인 혜택을 그 삶 속에서 누린다. 이 세상의 어떤 종교도 은혜를 이처럼 한없이 줄 수 없다. 그러나 오직 예수 그리스도를 믿는 우리는 하나님의 무한한 은혜를 공급받고 있는 사람들이다.

은혜와 심판의 대비(5:16)

아담 한 사람의 범죄 때문에 심판을 받고 정죄를 받게 되었다. 하지만 은혜는 한 사람(예수님)으로 말미암아 의롭다 함을 받게 해준다. 따라서 이와 같은 혜택을 받은 사람들은 심판에 대한 위협과 정죄를 받지 않는다. 주님 안에서 우리에게 주어지는 은혜는 아담 안에서 아담의 죄로 말미암아 받는 심판과 비교할 수 없을 정도로 크다는 것을 알 수 있다.

바울 사도는 예수 그리스도를 믿는 우리에게는 결코 정죄함이 없음을 선언했다(8:1). 만일 조금이라도 정죄 의식이나 심판에 대한 두려움이 남아 있다면 예수 그리스도 한 사람으로 말미암아 주어진 은혜가 이 모든 것을 종식했다는 사실을 알아야 한다. 그 결과 하나님과 더불어 화평을 누림으로써 모든 두려움으로부터 해방되어 영적으로 무한한 자유를 누리며 살아야 마땅하다.

은혜와 사망의 대비(5:17)

한 사람의 범죄로 사망이 우리에게 왔고 우리는 사망의 노예가 되었다. 모든 사람이 죽을 뿐 아니라 심판을 받게 되어, 그 심판의 결과에 따라 영원토록 지옥에서 살 수밖에 없었다. 그러나 그리스도로 말미암아 주어지는 한 은혜가 우리에게 의(義)를 선물로 주어졌고, 그 의가 우리 가운데 넘치게 되었다. 그 결과 우리는 사망의 지배를 받지 않고 생명의 지배를 받게 되었다. 바울 사도는 이것을 "생명 안에서 왕 노릇"하게 한다는 말씀으로 표현했다. 이 말씀은 과거에는 우리가 사망의 노예로 살았지만(죄의 삯은 사망, 6:23 상) 이제는 은혜로 받은 의(義)로 인하여 그리스도의 생명을 공유(共有)함으로써 영원토록 살 수 있다(하나님의 은혜는 영생, 6:23 하)는 뜻이다.

한 범죄와 그리스도의 의의 대비(5:18)

한 범죄는 많은 사람을 범죄에 이르게 했다. 즉, 아담이 바로 한 범죄의 장본인이다. 그리고 우리가 그리스도 밖에 있을 때 우리는 피해자들이다. 그러나 그리스도의 의의 한 행동, 곧 예수 그리스도가 십자가에서 돌아가시는 것을 통해서 우리를 구속하신 것과 더 나아가 그가 평생 죄를 한 번도 짓지 않고 우리를 위해서 사신 그 삶이 많은 사람을 의롭게 하였고 영원한 생명을 얻게 해 주셨다.

한 불순종과 한 순종의 대비(5:19)

한 사람 아담이 순종치 아니하므로 많은 사람이 죄인이 되었다. 그러나 한 분 예수 그리스도가 하나님의 뜻대로 십자가에 돌아가신 이 한 순종의 행위 때문에 이제는 그 반대로 많은 사람이 의롭다 함을 받고 새 생명을 얻게 되었다. 우리는 바로 이와 같은 혜택을 받아서 의인이 되었다. 이것은 결코 우리가 자격이 있어서가 아니라 순전히 은혜로 된 것이다.

은혜와 죄와 율법의 대비(5:20-21)

우리 속의 죄성, 즉 아담으로부터 시작해서 우리에게까지 전해진 죄와, 예수 그리스도에게로부터 시작한 예수 그리스도 안에 있는 은혜는 비교가 되지 않는다. 앞에서 말한 모든 논리로 보아서도 은혜는 죄보다 항상 더 넘친다. 율법은 죄를 더욱 드러내서 우리 속의 죄가 있음을 알게 한다. 하지만 그리스도 안에 있는 사람에게는 문제가 없다. 그 이유는 율법이 우리 속의 죄를 더 드러나게 하는 만큼 은혜는 그보다 더 많이 우리에게 흘러넘쳐서 우리의 죄의 문제를 완전히 해결해 주기 때문이다. 이로써 예수 믿는 사람들은 더 이상 죄의 지배를 받지 않고 은혜로 말미암아 의의 지배를 받으며, 영원한 생명을 소유하게 되었다.

바울 사도는 본문을 통해 아담의 모든 속성과 예수 그리스도 안에서 발견되는 모든 속성을 대비해 보았을 때, 예수 그리스도 안에서 발견된 모든 것이 아담에게서 발견된 것과 상상할 수 없을 정도로 차이가 난다는 사실을 우리에게 밝히 보여 주고 있다. 우리는 이제 더 이상 아담 안에 있지 않고 은혜 안에 있다. 따라서 새로운 신분과 새로운 질서와 새로운 원리(하나님의 나라) 가운데 사는 사람이다. 아담 안에 사는 사람들의 특징이 범죄, 심판, 정죄, 사망, 불의(不義)라면 예수 그리스도 안에 사는 사람들의 특징은 은혜, 의, 생명, 순종이다.

이같이 예수 그리스도를 믿는 사람들은 새로운 차원의 삶을 살게 되었다. 예수님을 믿는 순간 우리는 예수 그리스도와 함께 십자가에 못 박혀 죽음으로(co-crucifixion) 아담의 족보에서 빠졌고, 이젠 새롭게 예수 그리스도와 함께 새로운 인류의 대열에 끼게 되었다. 이 같은 사실을 깨달은 성도 중의 한 사람인 화니 크로스비(Fanny Crosby)는 이렇게 찬양했다.

오 놀라운 구세주 예수 내주 참 능력의 주시로다
큰 바위 밑 샘솟는 그곳으로 내 영혼을 숨기시네

오 놀라운 구세주 예수 내주 내 모든 짐 벗기시네
죄악에서 날 끌어올리시며 또 나에게 힘 주시네

메마른 땅을 종일 걸어가도 나 피곤치 아니하며
저 위험한 곳 내가 이를 때면 큰 바위에 숨기시고
주 손으로 덮으시네
(찬송가 391 장)

힌트

이 과에서는 5:20 이 열쇠가 된다. 아담 안에는 죄에 대한 대책이 전혀 없으나 그리스도 안에는 어떠한 죄라도 용서될 수 있는 충분한 은혜가 있음을 알 수 있다. 아담은 부족했으나, 예수님은 무죄하시며 부족함이 없다. 아담은 죄를 지었으나, 예수님은 완전하시다. 아담은 심판을 가져왔으나, 예수님은 죄 용서로 천국을 주셨다. 아담은 사망을 가져왔으나, 예수님은 생명을 주셨다. 아담 안에서는 죄가 주관하나, 예수님 안에서는 은혜가 왕 노릇 한다.

워크숍

1. 이 과에서는 아담과 그리스도를 비교함으로써 의롭다 함을 받은 사람들의 현재 상태를 설명하고 있다. 창세기 1-3장과 더불어 본문을 묵상해 보라. 그리고 본문에 나타난 아담과 그리스도의 차이점을 생각해 보고 발견한 사실들을 서로 나누기 바란다(5:12-21).

2. 바울 사도는 우리의 소속이 아담 안에서 예수 그리스도 안으로 옮겨졌다는 데 역점을 두고 설명하였다. 바울 사도는 그것이 구체적으로 은혜를 통해 이루어졌다고 말한다. 그는 은혜와 범죄를 어떻게 비교하는가(5:15)?

3. 자세히 관찰해 보면 그리스도 안에 있는 것과 아담 안에 있는 것은 엄청난 차이가 있다. 바울 사도는 심판과 은혜를 어떻게 비교하는가(5:16)?

4. 바울 사도는 사망과 은혜에 대하여 어떻게 비교하는가(5:17)?

5. 본문 내용이 아담과 그리스도에 대한 것이므로 개인적으로 연관이 없는 것처럼 느낄 수 있지만, 자세히 보면 지금 우리가 속해 있는 큰 틀을 볼 수 있다. 한때 우리는 아담에게 속해 있었고 아담처럼 죄를 지었다. 이제는 모든 죄를 짊어지시고 십자가에서 죽으심으로 우리의 모든 죄를 용서하신 예수 그리스도 안으로 옮겨졌다. 바울 사도는 이런 사실을 어떻게 비교하는가? 이것이 우리에게 주는 영적 의미는 무엇인가(5:18-19)?

6. 본문은 5:20-21 에서 절정에 이른다. 이 내용을 자신의 말로 설명해 보라. 그리고 이것이 우리에게 주는 영적 의미에 대하여 서로 나누어 보라.

7. 바울 사도는 본문에서 의롭다 함을 받는 것에 대해서 거의 완벽하게 설명하였다. 특히 이 과에서는 우리가 짓는 죄들과 함께 우리의 죄성(罪性) 그 자체까지도 해결되었다는 사실을 말하였다. 이제 자신의 죄성이 해결되었음을 확인하고, 날마다 주님께 순종함으로 말미암아 하나님의 성품이 실생활 중에 더욱 잘 나타날 수 있도록 경건의 훈련을 하기 위한 자신의 계획을 서로 나누어 보라.

8. 이 과를 마치면서 우리는 하나님께 깊은 찬양을 드릴 수밖에 없다. 하나님께서 그 아들 예수 그리스도를 주심으로써 이루신 일은 전 세계와 모든 피조물에 미치는 엄청난 일이다. 그것은 인류의 조상 아담에서부터 시작된 세상의 모든 죄를 해결하는 일이다. 예수 그리스도의 십자가는 이같이 큰 은혜를 우리에게 주었다. 이 사실을 서로 나누면서 찬송가 151 장(만왕의 왕 내 주께서)을 함께 부르며 하나님께 예배드리기 바란다. 예배는 하나님이 우리에게 주신 은혜에 대한 우리의 반응이다.

나의 기도

하나님 아버지, 지금까지는 우리의 죄가 용서된 것만을 감사했습니다. 그러나 이제는 우리의 존재 자체가 아담에서부터 뽑혀서 예수 그리스도 안으로 옮겨진 것에 대해서 더욱더 감사합니다. 우리가 이처럼 예수 그리스도와 함께 십자가에 못 박혀 죽고, 함께 장사지낸 바 되었다가, 주님의 부활과 더불어 우리의 영적 호적이 그리스도 안으로 옮겨진 것에 대해서 말할 수 없는 감사와 영광을 하나님께 돌립니다. 우리는 이제 이처럼 엄청난 복음을 우리만 가지고 살지 말고, 세상 모든 족속에게 전해야 한다는 사명감을 더욱더 느낍니다. 이런 사명감이 제 마음속에 더욱더 불타게 해 주옵소서. 그래서 이 완전한 복음을 모든 족속에게 전할 수 있게 해 주시옵소서. 그리고 내 주위에 있는 사람들에게도 이 복음을 증거 할 수 있게 해 주옵소서. 다시 한번 죄가 더한 곳에 은혜가 더욱 넘치는 것에 대해서 감사를 드립니다. 예수님의 이름으로 기도합니다. 아멘.

제 3 부

그리스도의 십자가와 승리의 삶

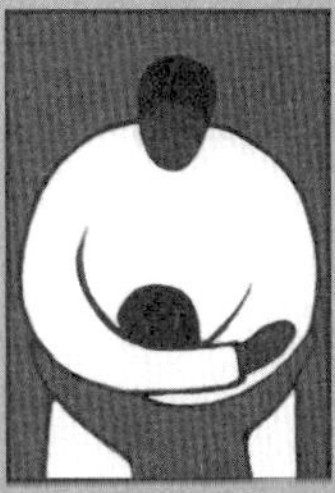

11

십자가는 우리의 죄성(罪性)까지도 해결했다

로마서 6:1-14

먼저 성경 본문을 여러 번 읽으시오.

바울 사도는 로마서 5 장에서 이신칭의(以信稱義)가 가져다주는 축복들에 대하여 설명하였다. 특히 5:11-21 에서는 우리가 아담 안에서 그리스도 안으로 옮겨짐으로써 우리의 신분이 근본적으로 변했다고 말하고 있다. 과거에는 죄의 삯이 사망이었으나, 이제는 죄가 더한 곳에 은혜가 더욱 넘친다는 것이다. 이럴 때 어떤 사람들은 은혜를 더 받기 위해서 더욱 죄를 많이 지어도 된다거나 또는 죄 짓는 것을 대수롭지 않게 생각할 수도 있었을 것이다.

이런 배경 가운데 바울 사도는 6 장에서도 계속 '죄성'(罪性)의 문제를 다루고 있다. 이를 요약한다면 이제는 우리가 죄의 노예 상태에서 벗어났고, 따라서 우리는 죄와 상관없이 그리스도 안에서 새로운 차원의 삶을 누릴 수 있다는 것이다. 즉, 우리가 이제는 죄의 사슬로부터 해방되어 죄의 노예가 아니라, 의(義)를 좇아서 사는 것을 의미한다.

바울 사도는 특히 세례(침례)의 의미를 통해서 우리의 새로운 위치를 설명하였다. 우리가 물 속에 들어갔을 때는 죽은 것을 의미한다. 심지어는 원죄(原罪)에 대해서까지도 해방된 것을 의미한다고 말한다. 또 동시에 우리가 물 밖으로 나왔을 때는 죄와의 관계가 끊어지고 새 사람이 되어 새로운 삶을 살 수 있음을 의미한다. 이러한 주장 가운데 가장 대답하기 어려운 질문은 "그럼 왜 우리는 계속 죄를 짓는가"이었을 것이다. 바울 사도는 이 과에서부터 시작해 8장 마지막 부분까지 계속해서 이 문제를 다루고 있다.

이 과에서는 우리가 새로운 질서 속에서 사는 법을 배워야 함을 제시한다. 마치 어린아이가 태어나서 세상에서 사는 법을 배우듯이 우리도 이제 하나님 나라에 태어나서 사는 법을 새롭게 익혀야 한다. 그것은 곧 우리 지체를 죄에 내주지 않고 하나님께 의로운 도구로 적극적으로 드리는 것을 의미한다. 우리는 더 이상 죄의 노예가 아니므로 더 이상 죄 가운데 살 필요가 없다.

이 과를 공부하면서 다른 여러 가지에 대해 배우는 것도 중요하지만 앞에서 언급한 점만은 꼭 깨닫고 주님 안에서 한없는 자유를 누릴 수 있기를 바란다. 이 과는 다음의 세 가지 대지로 나눌 수 있다. 우리가 알아야(know) 할 것과 우리가 여겨야(reckon, 누려야) 할 것, 그리고 적극적으로 드려야(submit) 할 것이다.

가. 아는 것(6:1-10)

우리는 주님께서 우리를 위해 십자가에서 대신 죽으심으로 죄와 우리와의 관계(의무)가 끊어졌다는 점을 알아야 한다. 우리는 더 이상 죄의 노예가 아니다. 우리는 하나님의 나라로 국적을 옮겨서 새로운 국민이 된 것과 마찬가지이다. 이런 사실에 대하여 좀 더 자세히 알아보자.

죄와 죄성의 문제에 대한 해답(6:1-2)

앞에서 우리가 죄에 대해서 죽었다고 한 의미는 죄에 대해서 무감각해져서 죄를 범해도 죽은 사람처럼 아무것도 느끼지 못하는 상태가 되었다는 뜻이 아니다. 이보다는 우리와 죄의 관계가 끊어졌기 때문에 우리는 더 이상 죄를 지을 의무가 없다는 뜻이다.

우리가 죽은 사람처럼 되어서 다시는 죄를 짓지 못하게 되었다면 얼마나 좋겠는가? 그렇다면 죄의 유혹을 느끼지도 않고, 또한 죄를 짓지도 않을 것이다. 하지만 우리가 이 땅에서 사는 동안은 우리의 죄성이 계속 남아있기 때문에 그렇지 못함을 한다. 따라서 우리는 피동적으로 자기가 죄를 짓지 않을 때까지 기다릴 것이 아니라, 능동적으로 죄 짓는 것을 거부해야 한다. 우리가 죄를 지어야 할 아무런 의무가 없음을 하루속히 깨닫고, 죄의 노예 상태에서 벗어나 죄로부터 자유를 누려야 한다.

신학적으로 보았을 때 우리가 그렇게 할 수 있는 이유가 최소한 세 가지가 있다. 첫째, 우리는 이제 새 신분을 얻었다. 십자가의 공로로 하나님 나라의 시민이 되었다. 즉, 아담 안에서 예수님 안으로 옮겨진 것이다. 골로새서 1:13 에서 이를 다음과 같이 선언했다.

> 그가 우리를 흑암의 권세에서 건져내사 그의 사랑의 아들의 나라로 옮기셨으니(골 1:13).

둘째, 우리는 새로운 세계, 즉 하나님의 나라로 들어왔다. 셋째, 하나님 나라 곧 그리스도 안에서 새로운 질서 속에 살게 되었다. 즉, 한때 아담 안에서는 세상과 육신에 얽매여서 살았었지만 이제는 하나님 나라 시민으로서 천국의 질서 속에서 살게 되었다. 전자는 죄, 정죄, 불의, 사망이 지배하는 상태, 다시 말해서 이들이 '왕 노릇' 하는 세계였다. 후자는 은혜, 의, 생명, 영생 등이 지배하는 상태가 왕 노릇 하는 질서이다. 우리는 더 이상

구(舊)질서의 지배를 받지 않고 새로운 질서 속에서 살게 되었다. 우리는 이런 사실을 이 과에서 좀 더 구체적으로 공부할 수 있다.

힌트

> 구원받은 후 은혜를 강조하다 보면 무의식중에 죄에 대한 경각심을 잃어버릴 수 있다. 이는 우리가 절대로 용납할 수 없는 태도이다. 이런 경우를 위해 우리는 수시로 주님께서 우리들의 죄 때문에 십자가에서 어떤 죽임을 당하셨는가를 깊이 묵상함으로써 죄에 대한 경각심을 높여야 한다.
>
> 로마서 1-3장 중 모든 불경건과 불의 위에 내리는 하나님의 진노를 기억하라. 사무엘하 11장 이하와 시편 32편, 51편의 연구를 통해 죄가 다윗의 생활에 끼친 영향에 대한 깊은 통찰이 필요하다.
>
> **그럴 수 없느니라(결코 그럴 수 없다[NASV], 2절)**: 자유자재로 죄를 지을 수 있다는 것은 생각조차 하지 말라는 의미, 또는 어림도 없는 이야기라는 의미로 쓰였다. 이는 죄에 대한 가장 간단하고도 명쾌한 하나님의 해답이다.[1]

예수님께서 십자가에서 죽으심으로써 우리를 얽어매던 죄의 사슬이 끊어졌다(6:3-10)

바울 사도는 우리의 새로운 상태를 세례(침례)의 예를 통해 말씀했다. 마치 세례(침례) 예식 중에 물에 잠긴 것은 우리가 죽었음을 상징하고, 우리를 얽어매던 죄의 사슬이 끊기고, 현 세상과는 결별하였다는 사실을 알

---

1 Black, *Romans*, 92. Black은 로마서 6:1-8:39을 '그리스도인의 율법으로부터의 자유'(Christian Freedom from The Law)로 보았다. 반면에 Bruce는 '거룩한 삶의 길(The Way of Holiness)로 보았다. 두 경우 다 맞는 말이라 보인다. 다만 6:1-8:39에는 이상과 같은 두 의미가 모두 포함된 것이 필자의 입장이다. 특히 바울 사도가 6:2에서 죄에 대해 가장 강력한 표현을 한 것으로 보아 Bruce의 입장이 본문의 흐름과 더 가깝게 느껴진다. 다만 Black 역시 6:2에 대한 해석은 5:20에서 바울 사도가 강조한 사실, "죄가 더한 곳에 은혜가 더욱 넘쳤나니"에 대해 한치의 오해도 없이 하기 위해 Bruce와 같이 죄에 대해 강한 표현을 했다고 보인다.

려주고 있다. 이런 사실에 대해 6:3과 6:6에서 "우리가 그리스도와 함께 십자가에 못 박혔다"고 말한다. 그리스도가 죽으셨을 때 우리도 그리스도와 함께 단번에 죽었다는 것이다. 주님께서 부활하셨을 때 우리도 그리스도 안에서 부활한 것으로 **여기게** 되었다. 이로써 우리의 옛 사람이 주님과 함께 십자가에 못 박혀 죽었으므로 더 이상 죄의 종노릇 할 필요가 없게 되었다. 우리는 죄의 속박에서 벗어났을 뿐만 아니라(7절), 사망이 더 이상 우리를 주장하지 못하게 되었다(9절).

이상이 소극적인 면이라면, 적극적인 면은 그리스도의 십자가상에 우리가 함께 참여한 것과 똑같이 그리스도의 부활에도 우리가 함께 참여함으로써 새로운 삶을 살 수 있게 된 것이다. 6:4-10에서 이런 사실을 알 수 있다.

> …… 그리스도를 죽은 자 가운데서 살리심과 같이 우리로 또한 새 생명 가운데서 **행하게(순종)** 하려 함이라(6:4).
> …… 그의 부활과 같은 모양으로 연합한 자가 되리라(6:5).
> 이는 죽은 자가 죄에서 벗어나 의롭다 하심을 얻었음이라(6:7).
> 만일 우리가 그리스도와 함께 죽었으면 또한 그(그리스도)와 함께 살 줄을 믿노니(6:8).
> 이는 그리스도께서 죽은 자 가운데서 살아나셨으매 다시 죽지 아니하시고 사망이 다시 그를 주장하지 못할 줄을 앎이로라(6:9).

그리스도 안에서 그런 경험도 곧 나의 경험이 된 것이라는 뜻이다.

> 그(그리스도)가 죽으심은 죄에 대하여 단번에 죽으심이요 그가 살아 계심은 하나님께 대하여 살아 계심이니(6:10).
> 이와 같이 너희도 너희 자신을 죄에 대하여는 죽은 자요 그리스도 예수 안에서 하나님께 대하여는 살아 있는 자로 **여길지어다**(6:11).

이런 모든 것을 종합해 보았을 때, 이제 우리에게는 새 생명이 있고, 이미 부활의 삶이 시작되었고(아직은 미완성 상태이지만), 의롭다 함을 받았고, 그리스도와 함께 살아났고, 하나님께 대하여 살아 있다고 말할 수 있다. 따라서 우리에게 새로운 차원의 삶이 있기 때문에 옛 사람, 세상, 죄, 심지어는 우리가 이런 차원의 삶을 사는 한 율법까지도 더 이상 우리를 얽어매거나 정죄할 수 없게 되었다. 우리는 오직 새로운 차원의 삶, 즉 하나님 나라의 삶을 주님의 능력으로 또 우리의 순종을 통해 살 수 있게 된 것이다. 정말로 놀라운 일이지 않은가.

우리가 지은 죄에 대한 대책이 이미 5:20 에 세워졌다. 여기서는 우리의 '죄성'에 대한 대책을 제시하고 있다. 그리스도의 십자가와 부활 사건을 우리의 삶에 적용할 때 우리도 역시 죄와 상관없이 이 땅에서 믿음으로 거룩한 삶을 살 수 있다. 이는 우리의 힘으로 되지 않고 성령께서 순간순간마다 우리에게 힘을 주실 때 가능하다. 이 부분은 8 장에서 구체적으로 다룰 것이다. 우리는 믿음으로 계속 이런 삶을 살 수 있음을 알고, 죄로부터 자유를 누리는 삶을 살아야 한다.

힌트

> 본문은 세례(침례)의 예를 들어 우리의 영적 위치에 설명하고 있다. 5:12-21 에서 우리는 아담 안에서 모두가 아담과 함께 죄인이었고, 그리스도 안에서는 모두가 그리스도와 함께 의인이 되었다고 했다(동일시).
>
> 죽은 자들은 반응이 없다. 하지만 우리가 주의해야 할 사실은 아직도 죄가 죽은 것은 아니라는 점이다. 이 문제는 로마서 7 장에서 또 다루게 된다.
>
> **옛 사람이 예수와 함께 십자가에 못 박힌 것은(6 절)**: 유대인의 풍습 중 죽은 자들에 대해서는 아무런 책임도 묻지 않고 모든 죄를 사면한다는 조항이 있다. 이에 의하면 죽은 자들은 자유를 누리게

된다. 여기서는 그리스도 안에 있는 사람이 죄로부터의 자유를 누리는(죄에 순종할 의무가 없는) 것을 의미한다(골 3:9; 갈 2:20).

우리는 지금도 믿음으로 부활 후의 누릴 다음과 같은 생활을 시시때때로 체험하게 된다.

① 죄로부터의 자유를 경험하게 된다.

② 새로운 생활, 곧 영원한 차원의 새 생활을 경험한다(그리스도의 모범을 좇아서).

③ 그리스도의 형상을 닮기 위해 도덕적 생활을 하게 된다(산상수훈—죄 용서, 사랑 등).

④ 다음과 같이 하나님 앞에 새 사람으로 사는 생활을 하게 된다.

- 죄로부터 해방된 가운데 성령의 인도를 받는 새로운 생활(롬 7:6)
- 그리스도의 성품을 닮아 도덕적으로 새로운 생활(갈 3:27)
- 그리스도의 은혜로 긍휼과 자비와 겸손과 온유와 오래 참는 생활(골 3:12)
- 흔들리지 않는 견고한 생활(엡 4:14)
- 그리스도를 본받아 도덕적으로 깨끗한 생활(롬 13:14)

나. 여기는 것(6:11)

우리는 위의 사실을 **아는 것(6:3)**과 **여기는 것(6:11)**으로 그쳐서는 안 된다. 알고 있는 것을 계속 자기 것으로 내면화(內面化)시킴으로써 한편으로는 '죄성'에 대해 계속 거부하고, 다른 한편으로는 믿음으로 계속 주님께 **순종함으로써(6:12-13)** 죄로부터 승리하는 삶을 살아야 한다. 문제는 우리가 그와 같은 새로운 생활에 익숙하지 못하다는 데 있다. 그래서 또다시 죄의 심각성을 잊고 죄를 짓게 된다. 이에 대한 해결책은 우리가 그리스도 안에서 이미 십자가에 못 박혀 죽었으며 그 후부터는 부활의 특권을 누리고 있음을 수시로 인정하고, 계속 성령의 도우심을 받아 더 이상 죄의 노예가 되지 않아야 한다. 만일 죄를 졌을 경우는 요한일서 1:9 에서 말씀한 것 같이 즉시 죄를 자백하고 성령님을 의지하여 앞에서 설명한 것처럼 다시 시작하시기 바란다.

구약에서도 우리가 어떻게 살아야 하는가에 관한 비유를 찾아볼 수 있다. 이스라엘 백성이 애굽에서 나왔을 때 그들이 직접 가나안 땅으로 들어가는 데에는 약 14-15 일밖에 걸리지 않았을 것이다. 그러나 하나님께서는 그들이 바로 가나안에 들어간다면 그곳에서의 생활을 감당할 수 없다고 생각하셨기 때문에 광야에서 훈련을 받게 하셨다. 그들은 불순종으로 말미암아 무려 40 년에 걸쳐 훈련을 받게 되었다. 이스라엘의 경우는 애굽의 노예 상태로부터 해방되었음에도 긴 세월 동안 자유를 누리지 못했다. 이것은 곧 우리의 육신이 이미 죄성으로부터 자유롭게 되었음에도 그 특권을 누리지 못하고 계속 육신의 노예로 사는 것에 대한 비유가 될 수 있다. 우리는 광야에서 불필요한 시간을 너무 많이 보내지 말아야 한다.

힌트

> **여길지어다(11 절)**: 이는 계속적인 사실로 여기라는 뜻으로 쓰인 것이다.
>
> 소극적으로는 십자가를 통해(동일시되어) 죄의 사슬에서 벗어났음을 계속해서 여기고, 적극적으로는 하나님께 대하여 살아 있는 자로 계속 순종해야 한다. 이는 하나님의 자녀로 사는 것을 의미한다. 곧, ① 옳은 생활, ② 새로운 공동체의 생활, 그리고 ③ 그리스도와 연합한 생활을 의미한다.[2]

---

2 Bruce, *Romans*, 132. “the Spirit has come to make effective in them what Christ has done for them, and to enable them to become in daily experience, as far as may be in the present condition of mortality, what they already are ‘in Christ Jesus’ and what they will be fully in the resurrection life.” 성령님께서 오셔서 그리스도께서 이미 이뤄주신 것이 유효하게 하셨고, 매일 이런 사실을 살아서 실생활 중에 누릴 수 있게 하셨고, 이미 그리스도 안에서 이뤄진 것이나, 앞으로 부활 후에는 완전히 이뤄질 것을 경험하게 하셨다(필자 역).

다. 적극적으로 드리는 것(6:12-14)

우리는 이제 죄를 짓지 않는 것에 그치지 않고, 적극적으로 우리 자신을 하나님께 드려야 한다. 우리는 더 이상 죄와 육신에 순종치 말고, 다시 말해서 죄가 우리 속에 "왕 노릇 하게" 하지 말고, 오히려 우리의 지체를 "의의 무기"로 드려야 한다. 옛날에 우리는 자신을 죄에 내어 주었지만, 이제는 하나님께 대하여 살아 있는 자가 되어, 하나님께 우리 자신을 드리는 것이다. 이렇게 할 때 죄가 우리를 주관치 못할 것이다.

우리가 옛 신분으로 돌아가는 것은 불가능하지만 우리의 선택에 따라서는 옛 상태에서처럼 죄를 지을 수 있다. 그때마다 우리는 이 말씀을 기억하고 십자가를 의지하고 자신을 하나님께 드려야 한다. 우리가 실패했을 때도 은혜를 통해 용서받고, 계속해서 하나님께 우리 자신을 드리는 삶을 살아야 한다. 우리가 성령의 능력으로 계속 주님께 순종할 때 우리는 비로소 성결(聖潔)한 삶을 이 땅에서도 누리게 된다. 하나님의 뜻은 우리가 지속해서 성결한 삶을 사는 것이다.

힌트

> **드리지 말고(13 절)**: 이는 과거에 하던 것을 단번에 중단하라는 뜻이 있다.
>
> **드리라(13 절)**: 이는 단번에 드리라는 뜻이다. 곧 즉각적이고 결정적인 행동을 촉구하고 있다.
>
> **지체(13 절)**: 사지(四肢)라는 뜻도 있으나 여기서는 내적 및 외적 기관 전부를 의미한다(롬 3:13-18; 골 3:5).
>
> 율법 아래 사는 사람은 실제로 아무런 도움 없이 폭군 아래 사는 것과 같다. 하지만 은혜 안에서 성령의 능력을 의지하고 사는 사람은 높은 기준에 따라 살 수 있다.

워크숍

1. 본문을 여러 번 읽고 본문의 핵심적인 교훈을 한 문장으로 요약해 보라. 각자가 발견한 것을 서로 나눔으로써 하나님이 주시는 메시지를 확인해 보기 바란다.

2. 이 과에서 바울 사도는 십자가와 부활의 예를 들어 우리가 죄를 짓지 말아야 할 이유를 설명했다. 본문에서 죄와 우리의 관계에 어떻게 설명하고 있는가를 요약해 보기 바란다(6:1-10). 이를 서로 나누고, 이러한 사실에 따라서 우리가 어떻게 살아야 할 것인가를 서로 나누어 보라.

3. 현재 우리가 어떤 질서 속에서 살고 있는지를 서로 나누어 보라. 부활에 관한 부분들을 찾아보면 조금 더 현재 우리의 위치를 잘 알 수 있을 것이다(6:4-10). 이러한 사실에 근거해서 우리가 누릴 수 있는 특권이 무엇인가를 설명하고 우리가 실제로 이러한 것들을 알고 누리고 있는가를 각자의 경험을 통해 나누고, 또 앞으로의 각오들을 나누기 바란다.

4. 우리가 이렇게 많은 축복을 받았는데도 불구하고 이것을 지속적으로 누리지 못하는 것은 '죄성'이 우리가 사는 동안 내내 남아 있기 때문이다. 본문을 통해 해결책을 설명하기 바란다(6:11). 그리고 자신들의 죄성 때문에 겪은 경험과 앞으로 어떻게 살 것인가에 대해서 나누어 보라.

5. 우리의 약점들을 어떻게 처리할 것인가를 본문을 통해서 확인하기를 바란다. 특히 6:12-14 에 비추어 볼 때 자신은 하나님께 어떤 영역을 더 드려야 하는지 나누고 이를 위해서 서로 기도하기 바란다.

6. 지금까지 공부한 내용을 다른 사람에게 설명할 수 있도록 그룹원들이 함께 요약해 보기 바란다. 그리고 서로 정리한 내용을 일목요연하게 정리해 보기 바란다. 그리고 기회가 되면 이것을 다른 사람들에게 전하라.

7. 이 과에서 다루고 있는 소위 '죄성'의 문제, 혹은 죄를 짓지 않는 문제, 다시 말하면 '거룩하게 사는 것'은 성숙한 그리스도인이라면 누구나 씨름해야 할 제목이다. 자신의 경험과 현재의 상태를 나누기 바란다. 또한 성령의 능력으로 이 원리를 계속 각자의 삶에 적용함으로써 죄를 이기고 하나님께 순종함으로 의로운 삶을 사는 사람이 되도록 서로를 위해 기도하라.

8. 이런 삶을 사는 사람은 소명감을 가지고 전 세계에 복음을 증거 할 수 있다. 이들은 21 세기의 선두주자로서 전 세계의 많은 종족에게 이 소식을 전해야 할 것이다. 복음과 함께 죄에 대한 승리의 소식도 전해야 한다. 그렇게 전할 수 있도록 기도하고 이 과를 마치기 바란다.

나의 기도

오, 하나님 아버지, 비록 구원은 받았지만, 지금까지 구원 속에 포함된 더 깊은 성결의 복을 누리지 못하고 살 때가 많았습니다. 신앙인다운 신앙인이 되지 못하고 부족한 삶을 살았습니다. 저만 그런 것이 아니라 많은 한국교회의 교인들이 이렇게 살고 있습니다. 그동안 기독교인들이 매스컴에 아름다운 소식보다는 오히려 추한 모습을 더 많이 보였습니다. 바라옵건대 저희가 이러한 신앙을 본받지 말고, 이 과에 나와 있는 신앙을 본받아 살게 해 주시기 바랍니다. 모든 편의주의와 여론의 흐름을 따라서 넓은 길로 가지 말고, 오직 하나님의 뜻대로 좁은 길로 가게 해 주시옵소서. 현대화의 거대한 흐름 속에 그대로 휩쓸리지 않고 믿음이 견고한 사람으로서 십자가의 원리를 저의 삶 속에 평생 좇아 살 수 있게 해주옵소서. 오늘 하루만 아니라 죽을 때까지 주님 안에서 날이 갈수록 더욱더 예수님을 닮아갈 수 있게 해 주시옵소서. 더 나아가서 세계를 품는 삶을 살 수 있게 해주옵소서. 예수님의 이름으로 기도합니다. 아멘.

12

우리는 더 이상 죄의 노예가 아니다

로마서 6:15-23

먼저 성경 본문을 여러 번 읽으시오.

6:1 에서 바울 사도는 다음과 같이 질문하였다.

> 그런즉 우리가 무슨 말을 하리요 은혜를 더하게 하려고 죄에 거하겠느냐(롬 6:1).

그 질문에 대한 대답은 "(결코—필자 추가) 그럴 수 없느니라"(6:2)였다. 그 근거로 6:1-14 에서는 우리가 지은 죄들만이 아니라 그 근원이 되는 죄의 성품(죄성)의 문제까지도 해결되었다고 설명한다. 이론적으로는 우리 죄와 죄성의 문제가 이 말씀에 의해 해결되었으므로 죄를 더 이상 짓지 않아야 한다. 하지만 현실적으로는 우리가 육체 가운데 있는 한 아직도 죄성의 잔재(殘在)가 남아 있어서 주님 안에서 살지 않을 때 또 죄를 짓게 된다. 하나님께서 이미 해결해 놓으신 대로 우리가 죄로부터 자유를 누리기 위해서는 우리가 계속 주님 안에서 주님께서 주시는 능력을 의지하고 사는 길밖에는 없다. 또 자신을 이와 같은 새로운 질서 가운데 살 수 있도록 연마(練磨)하는 것이 숙제로 남아 있다.

우리가 더 이상 죄에 순종하지 않아도 된다는 사실을 알았음에도 불구하고 십중팔구는 죄를 짓게 되며 실패를 거듭하게 될 것이다. 이 때마다 우리는 주님 안에 거하기를 힘쓰며 죄를 짓지 않기 위해 죄에 대항하고, 육신의 정욕과 씨름하고 싸워서 이겨야 한다. 이런 과정은 우리 홀로 가는 것이 아니고, 오직 성령의 능력과 예수 그리스도의 임재와 하나님 아버지의 사랑이 함께하신다. 이 내용에 대해서는 8장에서 더 자세히 다루고 있다.

바울 사도는 우리가 죄를 짓지 않는 데서 그치지 않고, 오히려 적극적으로 우리 자신을 의에게 종으로 드리라고 권고하고 있다.

> 너희 육신이 연약하므로 내가 사람의 예대로 말하노니 전에 너희가 너희 지체를 부정과 불법에 내주어 불법에 이른 것 같이 이제는 너희 지체를 의에게 종으로 내주어 거룩함에 이르라(6:19).

이렇게 죄에게 종으로 드리지 않고, 의에게 종으로 드리면 우리 죄의 성품도 성화 과정을 통해 길들여질(처리될) 수 있다. 이것은 마치 어린아이가 태어나 이 세상에서 사는 법을 익히는 것과 같다. 우리는 하나님 왕국에 태어난 새로운 피조물이며, 세상으로부터 해방되어 하나님 왕국의 질서 가운데 살 수 있게 되었다. 그러나 우리도 그 사는 방법은 배워서 익혀야 한다.

여기서 가장 중요한 낱말은 '순종'이다. 계속 주님께 순종함으로써 하나님이 우리에게 주신 자유를 누리고, 또한 새로운 세계에서 사는 법을 배워야 한다. 우리는 비록 법적으로 자유를 얻었으나, 계속 죄의 종으로 죄를 좇아 살면 세상과 마귀와 죄성의 노예가 되어 사망에 이르는 열매를 맺게 된다. 그러나 죄에서 해방되어 새로운 질서 속에 들어왔으므로 의(義)에게 우리 자신을 드리고, 의로운 생활을 하면 마침

내 의의 열매를 맺게 된다. 그것이 바로 거룩함과 영생에 이르는 길이다. 다음은 아주 명확한 원리이다.

> ① 죄의 삯은 사망이요 ② 하나님의 은사는 그리스도 예수 우리 주 안에 있는 영생이니라(6:23—번호는 필자 추가).

우리는 이 두 가지 방향 중에서 의(義)를 선택함으로써 하나님의 은혜로 영생의 열매를 맺는 삶을 살아야 한다. 이 과를 공부하면서 우리는 죄의 종인가, 혹은 의의 종인가를 다시 한번 확인해야 한다. 그리고 더 이상 죄의 종으로 살지 말고 의의 종으로 살아야 한다.

가. 죄의 종이 되지 말아야 할 합리적인 이유(6:15-16)

우리는 자신을 드리는 것의 노예가 된다(6:15-16 상)

6:15 은 우리의 근본적인 문제에 대해 언급했다. 우리는 은혜로 모든 죄를 용서받았고, 하나님께서 우리의 죄성까지 용서하셨다면 과연 죄를 지어도 괜찮은가라는 질문에 대하여 6:16 에서 매우 합리적이고 명확하게 답하고 있다. 우리 자신을 누구에게 드리든지 바로 그 드리는 대상의 종이 된다는 것이다. 따라서 죄에게 자신을 드렸을 때는 죄의 종이 되고, 그 결과는 사망에 이르게 된다. 반면에 계속 하나님께 순종하면 마침내 의로운 사람이 된다.

힌트

> 우리는 과거에 죄의 종으로서 죄에게 순종했다. 그러나 현재 우리는 의의 종으로서 의에게 순종하고 있는 '순종의 종'이다.

우리가 자신을 누구에게 드리든지 결과도 그대로 나타난다(6:16 하)

자신을 죄에게 드리는 자의 결과는 사망에 이르는 것이다. 6:23 이 바로 이 부분의 결론에 해당한다. 답은 아주 명확하다. 순종의 종으로서 계속 순종의 삶을 사는 사람은 의로운 사람, 곧 성숙한 사람이 된다. 그리고 의로운 방향으로 계속 성숙해 가는 사람들은 마지막에 영생에 이르게 된다. 물론 이것은 점진적으로 영생을 얻는다는 뜻이 아니고, 이미 믿음으로 의롭다 함을 받은 것이 내면화(內面化)되어서 우리의 인격이 변해간다는 뜻이다.[1]

원래 하나님의 의도는 바로 우리가 그리스도 안에서 이러한 삶을 사는 것이다. 이미 죄로부터 해방되었으므로 죄에게 우리 자신을 드리지 않고 오히려 자발적으로 하나님께 순종함으로써, 다시 말해서 의(義)에 순종함으로써 더 의로운 사람, 성숙한 사람, 천국에 들어가 살만큼 변화된 사람이 되는 것이다. 우리는 이러한 특권을 놓치지 말아야 할 것이다.

---

1 Longenecker, *The Epistle to the Romans*, 621-22. "Using the analogy and language of slavery in the ancient world, Paul goes on to argue in the 6:16 that the reason why believers in Jesus cannot presume that they can continue in sin–since, as is true, they are 'not under law but under grace'–is that a commitment to one master never allows ① the servant of two masters or ② some type of assumed neutrality between the claims of two masters, you are slaves to the one whom you obey–whether to sin, which leads to death, or to obedience, which leads to righteousness. Thus a commitments to sin and commitment to obedience to God are mutually exclusive–without the possibility of any supposed claim to neutrality, such as would allow 'sin' and 'God' to be somehow amalgamated." 고대 노예 시대의 용어를 사용해서 바울 사도는 6:16 에서 주장한 내용을 추가로 설명했다. 그는 율법 아래 있지 않고 은혜 아래 있으므로 계속 죄를 범해도 괜찮다는 주장을 다음과 같이 반박했다. 그 이유는 ① 노예가 두 주인을 섬길 수 없는 것처럼, ② 죄로 인해 사망에 이루는 것과, 순종으로 의에 이르는 두 엄연한 사실이 둘 다 유효하다고 할 수 있는 법은 결코 존재하지 않는다. 따라서 죄 짓는 것을 좇는 것과 하나님을 순종하는 길을 동시에 만족시킬 수 있는 길은 절대로 존재하지 않는다. 마치 하나님과 죄가 하나가 되는 것이 불가능한 것처럼(필자 역).

나. 죄에게 자신을 드리지 말아야 할 근본적인 이유(6:17-19)

우리의 신분이 변했다(6:17-18)

6:17 에서 우리 신분의 변화에 관해 설명하고 있다. 바울 사도는 이 말씀을 할 때 감격스러워 "하나님께 감사하리로다"는 말씀으로 시작한다. 우리의 본래 신분은 죄의 종으로서 죄에게 순종할 수밖에 없었다. 그러나 우리에게 전해준 교훈, 즉 복음을 믿음으로 말미암아 죄에서 해방되어 의의 종이 되었다. 이것은 5:12-21 에서 이미 여러 번 설명하였다. 다시 정리하면 우리가 아담 안에서 그리스도 안으로 옮겨졌다는 것이다.

6:1-14 에서도 같은 맥락에서 설명하고 있다. 우리가 십자가를 통해서 예수님과 함께 죽고, 또 예수님이 부활하셨을 때 우리도 그 안에서 부활했다고 여김으로써 이제는 자발적으로 하나님께 우리 자신을 드리며 살 수 있게 되었다. 이것이 바로 우리의 새로운 신분이며, 이제 우리는 이 신분에 맞는 삶을 살아야 한다.

힌트

> **교훈의 본(교회의 율법[NASV], 17 절)**: 은혜에도 규범들이 있다. 그것은 그리스도인들의 의(義)의 기준대로 사는 것을 의미한다. 이를 우리는 '교리'라고도 부를 수 있다.[2]
>
> 우리는 죄의 폭압으로부터 해방되었고(과거), 복음으로 인도되었다(현재). 그 후 우리는 진정한 의(義)의 노예(종)가 되었다(18 절).[3]

---

2 Bruce, *Romans*, 134. New King James Version 은 이를 "form of doctrine"(신조의 형태)라고 표기했다. 반면에 Bruce 는 "standard of teaching"(표준 가르침)이라고 주장했다. 그는 이를 그리스도께서 가르친 내용에 기초한 그리스도인들이 지켜야 할 도덕적인 가르침의 개요(summery)라고 주장했다. 이 내용은 초대교회 교인들이 수시로 배웠으며 특히 새로 믿는 사람들에게 가르친 내용이며, 고린도전서 11:2 에서 바울 사도가 '전통'이라고 한 것이 바로 여기에 속한 것이라고 Bruce 는 주장했다.

3 Bruce, *Romans*, 134. 이 부분은 7 절의 죄 사함을 받았다는 의미보다 죄의 노예로부터 해방되었다는 의미가 있다. "Having been set free from sin. That is, having been liberated from

좀 더 솔직한 말을 해 보자(6:19)

바울 사도는 여기에서 우리의 육신이 연약하여 잘 알아듣지 못하기 때문에 그들에게 맞게 말씀하겠다고 했다. “전에 너희가 너희 지체를 부정과 불법에 내주어 불법에 이른 것 같이 이제는 너희 지체를 의에게 종으로 내주어 거룩함에 이르라” 한쪽은 죄에게 순종함으로 계속 죄에 빠지고, 죄의 성품이 더욱 강해지게 된다. 또 다른 한쪽은 의에게 순종함으로 거룩함에 이르고, 더욱더 하나님의 사람으로 성품이 바뀌게 된다.

여기서 우리가 간과하지 말아야 할 점은 비록 하나님께서 우리를 해방해 주셔서 의의 종이 되게 하셨지만 순종하는 것은 우리의 몫이라는 것이다. 곧 우리의 책임이라고도 말할 수 있다. 그런데 종종 사람들은 자신은 가만히 있어도 하나님이 죄를 짓지 않게 해 주심으로써 자연히 의에 순종하게 될 것으로 생각한다. 이런 생각이 완전히 틀린 것은 아니다. 결국 하나님이 해 주셔야 하지만 내 편에서 순종해야 한다. 곧 나의 책임과 의무를 다해야 한다.

하나님이 이미 이루어 놓으신 의(義)의 길을 좇아서 살 때 하나님께서 친히 내 속에서 일하신다. 성령님께서 능력을 주시고, 예수님께서 우리를 도와주시며, 하나님께서 우리 속에서 역사하심으로써, 또 거룩한 공동체가 우리를 격려해주고 도와줌으로써 능히 의(義)의 종으로 계속 거룩한 삶을 살 수 있다.

---

the tyranny of sin, not justified from sin as in verse 7.” 다시 말해서 죄로부터 해방되었다는 뜻은 죄의 폭군으로부터 해방되었다는 뜻으로, 이는 7 절에서 언급한 것처럼 죄 사함을 의미하지 않고, 죄의 사슬로부터 해방되어 의(義)에게 종이 되었음을 의미한다(필자 역).

다. 의의 종으로서 살아야 할 궁극적인 이유(6:20-23)

죄의 종은 의와 상관없는 삶을 살게 된다(6:20-21)

우리가 죄의 종으로 살 때 하나님의 의와는 전혀 상관없는 삶을 살게 되고(6:20), 우리의 삶은 부끄러운 열매들을 맺을 것이다. 1:8-32 에 나타나는 각종 죄, 그 죄로 인한 현상들, 도덕적인 타락, 의지가 무너지고 상한 마음을 갖는 것 등 비참한 상태에 이어 결국 사망에 이르게 된다. 죄의 삯은 사망이라는 원리는 절대 변하지 않는 하나님의 원칙이다. 하나님의 은사는 그리스도 예수 안에 있는 영생인 것처럼 그 반대도 반드시 성립된다. 우리는 한시도 이 사실을 잊지 말아야 한다.

힌트

> **죄의 종(20 절)**: 이런 상태에 있는 사람에게는 부끄러움과 사망(최종적인 심판, 6:21)이 있을 뿐이다.

하나님의 종은 죄로부터 해방된다(6:22-23)

우리가 죄를 좇아 살 때는 의(義)에서 벗어난(제외된) 것처럼 하나님께 우리 자신을 드릴 때 죄에서 해방되어 거룩함에 이르는 열매를 맺는다. 우리의 삶 가운데 사랑, 희락, 화평, 오래 참음, 자비, 양선, 충성, 온유, 절제 등의 열매들이 열리게 되어 하나님의 성품을 닮아가게 된다. 그리고 그 마지막은 영생으로서, 천국에서도 살 수 있는 성품이 이루어지게 될 것이다.

6:23 은 이 과 전체의 결론이기도 하다. 여기서 우리에게 주는 강력한 메시지는 우리가 죄의 종으로 살 이유가 하나도 없다는 점이다. 오히려 죄에 순종하지 말고 의의 종이 되어서 영생에 이르는 삶을 살아야 한다. 우리가 늘 하나님의 축복을 누리면서 살도록 하나님께서 복음을 주셨다. 이

특권을 절대로 놓치지 말고 살기 바란다. 계속 그렇게 살 때 이를 성령 충만한 삶이라고 말한다.

성령 충만한 삶이 지속될 때 우리의 성품이 거룩하게 변화하여 이 땅에서도 성인(聖人)다운 삶을 살 수 있게 된다. 하나님의 뜻은 이렇게 변화된 사람들이 온 땅을 채워서 이 땅을 하나님의 왕국으로 만드는 것이다. 누구나 살다 보면 죄를 지은 경험이 있을 것이다. 하지만 그 자리에 머물지 말고, 우리에게 주어진 특권을 평생 사용하여 하나님이 원하시는 삶을 살기 바란다. 우리에게는 그와 같은 분명한 목표가 있다. 그 목표를 향해서 계속 순종하며 평생 의의 열매를 맺는 생활을 하기 바란다.

힌트[4]

> **하나님의 종**: 성화와 영원한 생명(22 절)이 넘쳐흐를 것이다.
>
> **의의 종**: 생명(생산)을 그 열매로 맺고 산다.
>
> **삯(23 절)**: 군대 용어로서 새 황제 즉위 시 군인들에게 부여하는 보수를 의미했다. 이는 일정한 대가를 정기적으로 받을 뿐만 아니라, 마지막에 가서는 한꺼번에 대가를 받는 것을 의미한다. 이것이 바로 죄의 종이 된 사람들이 받을 형벌의 성격이다.

---

4 Harrison, *Romans*, 74. 21 절은 하나님의 원하시는 삶의 결과로부터 너무 멀리 떨어져 있다. 반면에 그리스도인은 죄를 섬기지 않고, 죄로부터 자유를 누리면서 하나님을 섬김으로써 누리는 풍성한 결실은 거룩함(성화, 聖化)의 열매와 마지막에는 영생이다(22 절). 본문의 결론으로 바울 사도는 죄의 열매와 영생의 열매로 아주 적절하게 대비했다.

워크숍

1. 본문 전체를 자신의 말로 요약해 보라. 문제가 무엇이고, 이 문제를 해결하기 위해서 바울 사도는 어떤 처방을 주었는지 의견을 나누고, 이를 정리해 보기 바란다.

2. 나는 지금 하나님이 주신 자유와 특권을 누리고 사는지, 아니면 아직도 죄의 노예로 살면서 간혹 자유를 맛보는 상태인지 자신의 삶을 솔직하게 평가해 보라. 만일 후자에 속한다면 이 본문을 적용해 보고, 하나님께 죄로부터 자유를 누리고 순종의 종으로 살 수 있는 능력을 달라고 기도하기 바란다. 또 그룹원들은 서로를 위해서 기도하라.

3. 본문을 통해서 자신의 신분이 어떻게 변했는지 재확인하고 자신의 말로 설명해 보십시오. 우리는 우리의 신분이 근본적으로 변했다는 것을 잊기 쉬우므로 앞으로도 본문을 통해서 계속 확인해야 할 것이다. 확인한 내용을 서로 나누고, 이에 대해서 서로 격려해 주는 시간을 가지라. "당신은 바로 이렇게 변했군요" 등의 말로 할 수 있다.

4. 바울 사도는 6:19에서 우리의 삶에 대해 매우 쉽게 설명하고 있다. 이를 다시 한번 자신의 말로 설명해 보라. 그리고 이 말씀에 근거하여 자신의 경험을 솔직하게 나누어 보라. 바울 사도의 지시대로 하지 않았을 때와 지시대로 했을 때의 경험을 나누고, 잘했을 때는 축하하고, 못했을 때는 서로를 위해서 기도하기를 바란다.

5. 이 본문의 결론으로 6:23은 우리에게 하나의 철칙을 제시하고 있다. 이것을 우리의 삶 가운데 항상 좌우명으로 삼아야 할 것이다. 우리가 죄를 좇을 때마다 이 말씀을 상기함으로써 죄의 결과가 얼마나 처참한 것인가를 생각하고, 계속해서 의에 순종하는 삶을 살아가야 한다. 그렇게 살 수 있도록 서로 격려하는 시간을 가지라. 서로 기도해주고, 권고하고, 솔직하게 서로 고백하는 시간을 갖기 바란다.

7. 사람들은 종종 이 본문처럼 살려고 노력하다가 안 될 때 심한 갈등과 씨름을 하게 되고 결국 지쳐버릴 수 있다. 그러나 이것은 내 힘으로는 되지 않고, 오직 하나님께서 주시는 능력으로만 가능하다는 점을 잊지 말기 바란다. 이를 깨닫고 하나님께 자신을 맡겼을 때 새로운 차원의 삶으로 들어갈 수 있다. 종종 사람들은 이것을 성령의 세례를 받았다고 얘기하지만, 극적으로 성령 충만을 경험했다는 말이 더 적합할 것이다. 그렇게 성령의 역사

를 경험한 사람들은 후에도 계속 의(義)에게 자신을 드리며 순종하는 삶을 살아야 한다. 특히 부흥이 일어났을 때 이런 일들이 종종 있다.

나의 기도

사랑하는 하나님 아버지, 죄의 문제를 해결하셨을 뿐만 아니라, 이후부터는 죄에게 종으로 드리지 않고 의(義)에게 종으로 드려 거룩하게 되는 길을 열어 놓으신 것을 감사드립니다. 이런 길을 모르고 계속 죄를 좇아서 살던 때를 뉘우치며 깊이 회개합니다. 이제 하나님께서 역사하심으로 죄를 좇는 길이 얼마나 비참한가를 깊이깊이 깨닫게 해 주시옵소서. 반대로 의의 종이 되고자 하는 강력한 욕구를 일으켜 주셔서, 또 다시 죄의 종이 되는 것을 혐오하게 해 주옵소서. 오히려 의의 종으로 사는 것이 너무 기뻐서, 어떤 희생을 치르더라도 의의 길에서 벗어나지 않는 삶을 살게 해 주시옵소서. 바로 이것은 개인의 부흥을 의미하는데 죄 많은 세상에서 이런 부흥으로 우리의 마음이 계속 불탈 수 있게 해 주시옵소서. 예수님의 이름으로 기도합니다. 아멘.

13

율법으로부터 자유

로마서 7:1-13

먼저 성경 본문을 여러 번 읽으시오.

바울 사도는 6장에서 우리와 죄의 관계가 끊어졌으므로 죄의 종이 될 필요가 없다고 설명하였다. 그렇다면 율법과 우리의 관계가 어떻게 되는지 의문이 생길 것이다. 지금까지도 바울 사도는 우리와 율법의 관계에 대해서 누누이 설명했다. 3-4장에서는 율법을 지킴으로써가 아니라 오직 믿음으로 의롭다 함을 받는다고 하였다. 5:20에서는 율법으로 인해 죄가 더 드러나게 되었고, 이로써 은혜도 더욱더 드러나게 되었다고 했다. 또 6:15에서는 우리가 법(法) 아래 있지 않고 은혜 아래 있다고 했다. 하지만 7장에서는 우리와 율법과의 관계에 대해 또 다른 차원에서 다루고 있다.

전통적으로 율법을 지켜오던 유대인들과는 좀 다른 입장이라고 생각할 수 있다. 따라서 우리는 유대인처럼 율법을 피부로 느끼고, 율법과의 관계에 대해서 해답을 얻으려고 많이 노력하지 않았다고 볼 수 있다. 그러나 기독교는 구약과 관계가 있고, 구약에서는 율법이 가장 중요한 부분 중의 하나이다. 또한 율법의 기초 아래 우리 주 예수 그리스도가 탄생하셨기 때문에 율법을 외면할 수 없다. 그런데도 성경의 가르침대로 거룩하게 살려는 사람은 누구든지 율법으로 인해 깊은 갈등을 겪게 된다. 특히 6 장에서처럼 자신의 힘으로 죄를 좇아 살지 않고 의(義)를 좇아 살기 위해 자기 스스로 노력하는 사람은 율법적인 생활을 하는 유대인과 그 처지가 흡사하다고 할 수 있다.

그런 맥락에서 바울 사도는 7:1-13 에서 첫째로 율법과 우리 관계가 어떤 면에서는 종결되었음을 설명하고, 둘째로 율법의 현재의 역할에 관해 설명하고 있다. 율법과 우리의 관계를 옳게 이해한다면 율법을 지킴으로써 거룩한 생활을 하려고 하지 않을 것이다. 오히려 한편으로는 율법으로부터의 자유를 맘껏 누리면서도, 또 다른 한편으로는 예수 그리스도 안에서 성령의 능력으로 거룩하게 살게 된다. 이런 의도가 6:6 말씀에 잘 나타나 있다. 이를 요약하면, 이제는 우리를 얽매었던 율법을 통해서가 아니라 성령의 도우심으로 거룩한 삶을 살 수 있게 되었다는 것이다. 바울 사도는 8 장에서 이 주제를 좀 더 구체적으로 설명한다.

가. 율법으로부터 자유(7:1-6)

바울 사도는 결혼생활에 비유하여 율법과 우리의 관계를 설명하고 있다. 상식적으로 아내는 남편이 죽으면 법적으로 다른 남자와 결혼할 수 있는 자유를 얻게 된다. 우리와 율법의 관계도 그처럼 부부관계에 비교할 수 있다. 배우자 가운데 한 사람이 죽었을 때 결혼 의무가 끝나는 것과 같이 우리가 그리스도와 함께 십자가에 못 박혀 죽는 순간부터 우리는 율법으로부터 자유롭게 된 것이다.

바울 사도가 처음에는 남편이 죽으면 여자가 남편의 법에서 벗어난다고 하였다. 연이어서 우리와 율법에 대해서 말할 때는 우리가 죽음으로써 율법에서 벗어났다고 하였기 때문에 혼동을 일으킬 수 있다. 문맥상 남편이 율법을 의미한다면, 율법이 죽음으로써 우리가 자유케 되었다는 것이 논리적일 것 같지만 바울 사도는 그렇게 설명하지 않았다. 오히려 율법은 죽지 않고 우리가 그리스도 안에서 십자가에 못 박혀 죽었으므로 율법과 우리의 (결혼) 관계가 끝났다고 했다. 율법에 대한 우리의 의무는 끝났지만, 율법은 아직도 건재하고 다만 우리가 죽었다는 점을 혼동하지 말아야 한다.

거룩하게 살고자 하는 사람들은 율법을 잘 지키면 될 것이라고 착각할 때가 많다. 그래서 그들은 율법을 잘 지키기 위해 열심히 노력하게 된다. 그러나 아무리 노력해도 안 되기 때문에 지쳐서 자신을 정죄하고, 포기하는 경우가 많다. 그런 사람을 위해 기쁜 소식이 있다. 이제는 우리가 그리스도 안에서 율법에 대해서 죽음으로써(그리스도와 함께 십자가에 못 박혀) 율법에 대한 우리의 의무가 없어졌다는 말이다. 따라서 결혼 관계가 끊어졌을 때 새로운 배우자에게 갈 수 있듯이 우리도 새로운 주인이신 예수 그리스도께로 갈 수 있게 되었다. 이제는 율법과 상관없이 새로운 주인이신 우리 주 예수 그리스도를 좇아 살면 된다. 7:6은 이러한 사실을 잘 요약해서 설명해 주고 있다.

> 이제는 우리가 얽매였던 것에 대하여 죽었으므로 율법에서 벗어났으니 이러므로 우리가 영의 새로운 것으로 섬길 것이요 율법 조문에 묵은 것으로 아니할지니라(7:6).

이러한 사실은 거룩하게 살기 위해 율법을 지키려고 노력하다가 좌절한 성도들에게는 매우 기쁜 소식이다.

힌트

우리가 그리스도와 함께 십자가에 못 박혀 죽었다는 것은 죄에 대하여만 아니라, 율법에 대해서도 죽었다는 의미이다. 그러나 "그리스도 안에서 믿음으로 말미암아 하나님의 의를 순종(appropriate, 자기 것으로 만드는 것)하는 사람에게만 율법의 역할이 일시 중단될 수 있다."[1] 우리가 그리스도 안에 거하지 않고, 하나님의 의를 순종치 않을 때는 다시 율법을 통해 우리 상태를 점검(點檢)받게 된다.

결혼의 비유(2-3 절): 바울 사도의 결혼에 대한 비유에서는 남편이 죽은 것으로 말하고 있다. 그러나 이런 비유를 실제로 우리 생활에 적용하는 대목에 와서는 율법을 남편과 연관시키고 우리는 아내로 묘사하고 있다. 따라서 율법 자체가 죽은 것이 아니다. 다만 그리스도인이 그리스도와 함께 십자가에서 죽은 것이다(6:4). 하지만 그리스도께서 부활하셨을 때 우리도 함께 부활하여(그리스도 안에서) 이로써 율법과 우리와의 관계가 끊어지고 대신 그리스도가 우리를 주관하게 된 것이다. 이로써 우리는 주님의 십자가 공로로 자유롭게 그리스도와 연합할 수 있게 된 것이다.

율법에 대하여 우리가 이미 한 번 죽었다(엄밀히 말해서 죽임을 당했음). 다시 말해서 어떤 한 시점에서(예수님을 믿고 자신을 전적으로 드린 순간) 우리는 그리스도와 함께 죽었고 그리스도 안에서 새롭게 된 것을 의미한다. 그 후 우리는 새신랑 되시는 그리스도와 연합하여 적극적으로 하나님의 의(義)의 열매를 맺는 생활을 하게 되었다(7:6).[2]

---

1 T.D.N.T, 1075; Harrison, *Romans*, 76-77.

2 Bruce, *Romans*, 138-39. "But now we are discharged from the law, dead to that which held us captive. It is by virtue of this death (death-with-Christ and dead-to-sin) that believers have been 'discharged' from their former liability under the law…… in the new life of the Spirit …… 'in newness of spirit' that is the life which believers now live 'in the Spirit'(cf. 8:9)" 이제는 우리를 구속했던 율법으로부터는 벗어나, 그 죽음 덕분에(그리스도와 함께 죽음으로

나. 율법이 그리스도인에게 주는 현재의 의미(7:7-13)

바울 사도는 이처럼 율법과 우리 관계가 종료되었다고 했다. 여기서 일부 사람들은 율법은 나쁜 것, 혹은 죄를 더 짓게 하는 원인이 된다고 오해할 수도 있다. 또한, 율법이 더 이상 그리스도인에게 소용이 없게 되었느냐는 질문에 대해서도 바울 사도는 "그럴 수 없느니라"고 두 번이나 단호하게 답한다(6:2; 7:7). 그 이유는 과거에도 율법으로 말미암아 죄가 드러났듯이 앞으로도 계속 율법이 심판관의 역할을 해야 하기 때문이다. 즉, 율법이 없다면 어떤 것을 탐내도 그것이 죄가 되는지 모를 수 있다.

인간의 심리는 금지된 것은 더 하고 싶어 한다. 따라서 구체적으로 하지 말라는 계명이 있으면 우리는 오히려 그 계명의 반대로 가고자 하는 유혹을 느낄 것이다. 이처럼 율법은 죄에게 힘을 실어주는 역할도 한다. 그러면 혹자는 "율법을 통해서 생명을 얻고, 거룩한 생활을 하라고 했던 율법이 이같이 죄를 더 짓게 하고, 결국 사망에 이르게 하는가?"라는 의문을 가질 수도 있다. 그런 경우 율법을 몹시 나쁜 것으로 볼 수 있다. 바울 사도는 그런 논리에 대해서 명확하게 대답한다. 율법 때문에 죄가 더 강한 유혹으로 다가올 수도 있지만, 율법이나 계명 자체는 거룩하고 의롭고 선하다는 것이다(7:12). 따라서 선한 것이 사망을 초래한다는 논리는 성립되지 않는다. 오직 율법은 죄가 죄라는 사실을 알려 주는 역할을 하고 있을 뿐이다.

그렇다. 우리가 구원받고 그리스도 안에서 주님을 열심히 좇을 때는 율법이 우리와 상관없이 느껴질 수 있지만, 우리가 그리스도를 좇지 않고 죄에 우리 자신들을 방임할 때 율법은 죄를 일깨우고 그 죄로 인해 사망에

써 죄에 대해서도 죽음) 믿는 자들은 과거에 자신을 구속했던 율법의 구속력에서도 벗어나 성령 안에서 새 생명을 누린다. 이것이 현재 믿는 사람들이 성령 안에서 누리는 새 생명이다(필자 역).

이르게 된다는 사실을 알려 준다. 이러한 율법의 역할은 영원히 계속될 것이다. 일부 성급한 사람들이 그리스도 안에서의 자유에 대한 바울 사도의 말씀을 읽고 마치 율법이 폐기된 것처럼 생각하고 율법의 역할을 무시해 버리는 경향도 있었다. 이런 사람들은 신학적으로 도덕폐기론자(Antinomian)라고 규정하고 있다.

바울 사도는 여기에서 그리스도 안에서 의의 종으로 사는 우리에게 율법이 어떻게 적용되는지 설명하고 있다. 근본적으로 율법은 없어지지 않는다. 마태복음 5:17 에서 주님께서 말씀하신 것처럼 일점일획도 없어지지 않을 것이다. 따라서 그리스도인들에게는 상황 윤리가 적용되지 않는다. 즉 상황에 따라서 죄가 될 수도 있고, 안 될 수도 있다는 논리는 성립될 수 없다. 하나님께서는 우리에게 절대적인 기준을 제시하신다. 그에 대한 해석은 우리의 어리석음으로 인해 종종 차이를 보일 수도 있지만, 하나님은 절대적인 가치와 기준을 제시하신다. 그것이 곧 율법이다.

우리는 이와 같은 절대적인 가치와 기준을 통해서 가지 말아야 할 곳과 하지 말아야 할 것들을 분명히 알아야 한다. 반면에 그리스도 안에서 그리스도를 좇아서 성령의 능력으로 말미암아 율법으로부터 자유를 누리고, 율법의 길잡이 역할을 통해 율법의 테두리에서 벗어나지 않고 의로운 생활을 해야 한다. 이것이 곧 의문(儀文)의 묵은 것으로 아니하고 영(靈)의 새로운 것으로 사는 삶이다.

힌트

> 7:1-13 부분을 삽입 부분으로 보는 이들도 있다. 즉, 그런 생활은 필연적인 것은 아니라 특정한 사람들에게 나타나는 간증이라는 것이다. 한 예로써 바울 사도 같은 분들에게 말이다. 그러나 대부분 사람이 이와 같은 경험을 한다. 이 부분에 대한 해석도 여러 가지임을 언급하지 않을 수 없다.

- 구원받은 후 경험—Nygren, Wesley, Weiss
- 구원 전 경험—C.H. Dodd, M. Black
- 두 경우 모두—A.M. Hunter, C. Wilson

결론적으로는 이는 구원받은 후의 경험을 말한다. 그 이유는 다음과 같다. ① 문맥상, ② "되살아나고"라는 말은 이미 산 것을 암시하므로, ③ 육신과 생명의 갈등이 있음은 생명이 있음을 암시하기 때문이다.

계명: 율법의 한 특수 부분을 의미한다. 율법이 전반적인 법을 의미한다면 부모를 공경하라는 말씀은 한 분야를 지목한 것으로 계명이라 할 수 있다.

율법: 모세의 율법을 말하나 일반적으로는 '율법의 성격'을 의미한다고 볼 수 있다.[3]

정상적인 경우 계명(율법)이 우리에게 다가왔을 때 우리는 죄를 깨달을 수밖에 없다. 그럼 "그 계명이 내게 대하여 도리어 사망에 이르게 하는 것이 되었도다"(7:10)라는 말씀은 우리가 어떻게 봐야 하는가? 사람이나 사단이 우리에게 계명을 지키면 생명을 얻을 수 있다고 거짓말을 할 수 있다. 우리가 계명을 지키지 못하는 것이 뻔한데도 말이다. 그럴 때 계명은 죄의 시발점이 될 수 있고, 더 나아가서는 율법이 나를 죽이는 결과를 초래할 수도 있는 것처럼 보인다. 바로 이런 경우를 두고 한 말씀이라고 봐야 할 것이다. 하지만 이 경우도 율법(계명) 자체가 죄는 아니다.

---

3 Harrison, *Romans*, 67.

워크숍

1. 본문을 여러 번 읽고 율법과 우리의 관계를 자신의 말로 요약해 보라. 그리고 이것을 서로 나누고 틀린 부분들은 함께 고쳐서 요약해 보라.

2. 거룩한 삶을 살기 위해 열심히 율법을 지키다가 지친 성도에게 이 본문을 통해서 그들의 잘못된 신앙을 고쳐주려고 할 때 어떻게 할 것인가를 생각해 보고 그 결과를 서로 나누기 바란다.

3. 계명은 좀 더 구체적인 하나님의 명령이다. 종종 구체적으로 하나님이 금지하신 것을 더 하기 원하는 것은 우리의 죄성 때문이다. 하나님께서 아담과 하와에게 선악과를 따먹는 것은 금하셨지만, 동산의 모든 것을 누리도록 하셨다. 그런데 그 많은 것 가운데 금지하신 그 한 가지를 범한 아담과 같이 우리도 하지 말라는 것은 더 하고 싶은 욕망을 갖게 된다. 이에 대한 자신의 경험을 서로 나누고, 이를 통해서 본문 말씀을 더 깊이 깨닫기를 바란다.

4. 자신의 신앙생활에서 율법 때문에 고민하고 괴로워한 적이 있었는지 생각해 보라. 만일 없다면 거룩하게 살려고 노력해 본 적이 없음을 의미할지도 모른다. 그런 경우 이 과를 공부하며 거룩하게 살고자 하는 마음이 생기도록 서로를 위해 기도하라.

5. 본문에서는 율법의 참 의미를 잘 설명하고 있다. 본문에서 율법의 의미를 알려 주는 부분들을 찾아서 정리해 보기 바란다. 그리고 율법의 목적에 대해 서로 나누어 보라.

6. 시편 기자와 구약 성도들은 율법을 심히 사랑하고 좋아한다고 고백했다. 이와 같은 말씀은 율법에서 거룩한 생활을 할 수 있는 힘을 얻는다기보다 하나님을 더욱 잘 섬기게 하고, 더욱 거룩한 삶으로 인도해 주는 것에 대한 감사의 표시일 것이다. 비록 여기서는 율법과 우리를 대칭적으로 놓고 율법에 대하여 우리가 죽었다거나, 혹은 율법이 우리에게 죄를 짓게 한다는 말로 표현했지만, 실생활에서 우리는 율법과 더 친숙한 관계를 맺어야 하는 것을 알 수 있다. 이 과를 다른 사람에게 알기 쉽게 가르칠 수 있도록 각자 요약해 보고 이를 서로 나누기 바란다.

나의 기도

하나님 아버지, 과거에 죄인인지도 모르고 살던 우리에게 율법을 알게 하심으로 말미암아 우리가 죄인이라는 사실을 깨닫고, 또한 우리의 죄를 위해 십자가에서 돌아가신 예수 그리스도를 우리 구주와 주인으로 모시게 해 주셔서 감사합니다. 그 후로 우리는 주님 앞에 나아가서 더욱 성결한 삶을 살려고 노력해 왔습니다. 때로는 우리 힘으로, 때로는 율법들을 지킴으로써 성결하게 살려고 노력했습니다. 그러나 우리가 아무리 노력해도 우리 힘으로는 안 된다는 사실을 깨달았습니다. 이럴 때 우리와 율법과의 관계를 정립시켜 주시고, 이제는 율법을 통해서가 아니라 우리 마음속에 와 계신 성령님의 능력을 통해서 성결한 삶을 살 수 있게 해 주신 것에 대해 감사드립니다. 앞으로도 우리가 계속 성결한 삶을 살게 해 주시고, 율법을 두려워하지 않고 오히려 갈수록 율법을 더 사랑하며 주님을 더 적극적으로 잘 섬기게 해 주십시오. 예수님의 이름으로 기도합니다. 아멘.

14

율법 가운데 사는 사람의 갈등

로마서 7:14-25

먼저 성경 본문을 여러 번 읽으시오.

브루스(Bruce)는 이 부분이야말로 성령의 도우심 없이 율법 아래 살고자 하는 사람의 모습이라고 설명하였다. 그는 특별히 성령의 능력으로 말미암아 죄로부터 해방을 맛본 상태에서 과거를 되돌아보면서 기록한 것이라고 주장했다.[1] 또한 이 본문이야말로 우리의 죄성(罪性)이 얼마나 강력한지 잘 알려 주고 있는 부분임에도 틀림이 없다. 그런데도 원칙적으로는 우리가 세례(침례)를 받았다는 것은 주님께서 십자가에 돌아가셨을 때 우리도 주님과 함께 죄에 대해서 죽었고, 더 나아가 율법에 대해서도 주님과 함께 죽었고, 주님께서 부활하셨을 때 우리도 주님 안에서 부활한 것으로 알뿐 아니라 그렇게 여기고 믿어야 했다(6:3, 5, 6, 13 하). 이 때문에 죄와 우리의 관계가 끊어진 것으로 여길 수 있게 되었다. 따라서 더 이상 죄가 우리에게 왕 노릇 할 수

1 Bruce, *Romans*, 143. “Here is a picture of life under the law, without the aid of the Spirit,

없게 되었다. 그런데도 우리 대부분은 계속해서 죄 때문에 실패하고, 죄로 인해 넘어진다.

이는 우리가 이미 하나님의 나라에 입문(入聞)해서 새 질서 안에 들어온 것도 사실이지만, 동시에 우리 속에는 아직도 옛 질서에 해당하는 육신이 살아 있어서 우리가 이 세상을 떠나 주님과 함께할 때까지는 죄에 지배를 받아야 하는 현실 때문이다. 이런 문제도 하나님의 나라의 관점에서 보면 잘 이해할 수 있다. 이미 이뤄진 부분(already)이 있는가 하면 아직 미완성 단계(not yet)에 우리가 있다는 사실을 이해한다면 이런 이중성에 대해서도 쉽게 해답이 나올 수 있을 것이다. 바로 이런 이유로 거룩하게 살고자 하는 그리스도인들까지 모두 죄에 대해 씨름을 하며 살아가고 있다. 바울 사도는 이렇게 '이미와 아직'이라는 중간기에 사는 우리가 개인의 힘만 의존한다면 도저히 죄의 능력을 이길 수 없고 말할 수 없는 갈등과 탄식으로 끝날 수밖에 없다고 말씀하고 있다. 그런 사람의 탄식은 7:24 에 가서 절정에 이른다.

> 오호라 나는 곤고한 사람이로다 이 사망의 몸에서 누가 나를 건져내랴(7:24).

아마 성령님의 도우심 없이 거룩하게 살고자 하는 그리스도인이라면 누구나 이와 같은 경험을 했을 것이다. 율법 자체도 선(善)한 것임을 시인하지만 내 속에 죄성(罪性)이 아직도 생생하게 살아 있어서 죄를 범할 때마다 율법의 정죄하는 역할은 계속될 것이다. 이런 경우 율법이 축복보다는 아픔을 주는 현실을 잘 표현하고 있다. 바울 사도는 이러한 이중성에 대해서 이렇게 선언한다.

> 그러므로 내가 한 법을 깨달았노니 곧 선을 행하기 원하는 나에게 악이 함께 있는 것이로다 내 속사람으로는 하나님의 법을 즐거워하되 내 지체 속에서 한 다른 법이 내 마음의 법과 싸워 내 지체 속에 있는 죄의 법으로 나를 사로잡는 것을 보는도다(7:21-23).

이런 싸움을 경험했다면 성숙한 사람이라고 볼 수 있다. 죄를 범하지 않으려고 노력하지도 않는 사람은 이런 경지에 이르지도 못할 것이다. 본문은 이미 도래(到來)한 하나님의 왕국의 현실과 아직도 미완성 중인 하나님의 왕국 사이에 끼어서 씨름하고 있는 성도의 모습을 생생하게 나타내 주고 있다.

가. 율법은 죄에 대한 갈등을 더욱 심화시킴(7:14-24)

율법의 거룩한 성격 때문에 죄를 범했을 때 갈등이 심화할 수 있다(7:13-17)

율법은 우리에게 하나님께서 얼마나 거룩하신가를 알려준다. 아울러서 하나님의 기준도 얼마나 높은가 잘 알려준다(7:13-14, 16). 하지만 우리의 죄성 역시 강하기 때문에 우리의 힘으로는 율법의 요구하는 바를 충족시킬 수 없다. 본문은 우리에게 율법을 준수할 수 있는 능력이 없는 상태에서 기준만을 제시함으로써 그와 같이 갈등을 느낄 수밖에 없는 상태를 기록하고 있다.[2]

힌트

> 7:7-24 은 삽입 부분으로 율법의 역할을 설명하고 있다고 보는 사람들이 있다. 즉, 원래 줄거리는 7:6 에서 8:1-39 로 연결된다고 보는 견해이다(C.K. Barrett). 그러나 이런 경험이 너무 보편적이기

---

portrayed from the perspective of one who has now experienced the liberating power of life in the Spirit." 성령의 도우심이 없이 율법의 통치 아래 살려는 사람에 대한 모습을 성령의 능력으로 자유를 얻은 사람의 관점에서 비교하고 있다(필자 역).

2 Bruce, *Romans*, 143. "Here is a picture of life under the law, without the aid of the Spirit, portrayed from the perspective of one who has now experienced the liberating power of life in the Spirit. 이는 성령께서 죄로부터 자유케 하시는 능력을 이미 경험해 본 사람의 관점에서 성령의 도우심이 없이 율법 아래 살아가는 사람을 묘사하고 있다(필자 역).

3 Bruce, *Romans*, 144. "The unequal struggle against 'the law of sin which dwells in my mem-

때문에 바울 사도나 몇몇 사람의 특별한 경험으로 국한할 수는 없다. 따라서 삽입 부분으로 보지 않고 오히려 바울 사도가 원래부터 쓰려고 했던 것과 같이 모든 그리스도인이 경험하는 일반적인 내용이라고 보는 것이 더 타당하다.[3]

7:7-25 은 성령을 의지하지 않고, 율법을 잘 지킴으로써 하나님의 자녀답게 살려고 할 때 오는 문제들을 제시하고 있다. 성도들이 현 세상에 살면서 그리스도 안에서 생활하지 않고 내 힘으로 살려고 할 때 이런 경험을 하게 된다.[4] 율법으로 사는 사람은 절망할 수밖에 없다. 이는 율법 아래 있는 사람이 자기 육신의 능력으로 율법을 지켜보려고 하지만 실패할 수밖에 없기 때문이다.

이 경우 이상(理想)과 현실(現實)의 차이가 너무 크다는 것을 느끼게 될 것이다. 즉, 뜻은 갖고 있으나 의지가 약하여 실현하지 못하게 된다. 그리스도인의 생활은 성령님(성령의 법)의 도우심 없이는 불가능하다. 7:7-24 의 문제 해결의 열쇠는 7:25 의 "그리스도 안"에 있다.[5]

율법의 거룩성 앞에 무기력한 우리의 죄성 때문이다(7:17-20)

이전에 율법의 거룩성에 대해서 미처 몰랐을 때는 죄성에 이끌려가면서도 지금처럼 "이제는 내가 원하는 바 선은 행하지 아니하고 도리어 원치 아니하는바 악을 행하도다"(7:19)라고 절규하지 않았을 것이다. 하지만 구속받은 후 성령의 능력을 의지하지 않고 거룩하게 살고자 하는 사람들은 누구나 그런 갈등을 경험할 수 있을 것이다. 그런 과정을 통해서 우리가

---

bers' (as Paul calls it) has been the real experience of too many Christians for the confident assumption to be made that Paul cannot be speaking autobiographically here, that his 'I' is purely dramatic." 율법의 죄의 기준에 대하여 단말마(斷末摩) 같은 씨름을 하는 것(바울 사도의 말과 같이)은 수많은 그리스도인의 공통된 경험임으로 바울 사도의 독특한 경험에 국한시킬 수 없는 확고부동한 증언이라고 볼 수밖에 없다(필자 역).

4 Bruce, *Romans*, 144.

5 Harrison, *Romans*, 84-85. 이는 바울 사도가 개인적으로 죄를 짓는 경험에 대한 것보다 원론적인 논리를 통해 우리 속에 존재하는 죄들(sins)보다 더 근본적인 죄성(sin)에 대해 해답을 주기 위함이라고 주장했다고 보인다. 그 해답은 8 장에서 다뤄질 것을 예고했다(필자 의견).

율법의 거룩성 앞에 무기력하다는 것과 율법의 불변성(不變性)과 인간의 죄성(罪性)의 공존에 대해 깨달음을 얻게 될 것이다.

내 속에는 두 가지 세력이 서로 대항하여 싸우고 있기 때문이다(7:21-24)

내 속사람, 즉 구원받은 성품은 하나님의 법을 즐거워한다. 그러나 내 지체 속의 법, 곧 우리 속의 죄성은 계속 종전처럼 죄를 짓기 원할 것이다. 이런 사실에 대해서 우리가 눈을 감아서는 안 됩니다. 우리는 이 죄성을 쉽게 이길 수 없다는 사실을 솔직히 시인할 필요가 있다. 우리 속의 또 다른 법, 즉 죄의 법과 싸우는 데 있어서 성령의 도우심 없이는 절망으로 끌려갈 수밖에 없다는 사실을 똑똑히 알아야 한다. 바울 사도처럼 내 속사람은 하나님을 즐거워하지만, 내 지체에는 또 하나의 법이 있어서 계속 내 속에서 나와 싸우고 있음을 알아야 한다.

바울 사도는 이 문제로 매우 심각하게 고민하였다. 이것은 거룩하게 살고자 하는 모든 사람에게 해당한다. 죄 가운데 사는 우리는 심각하게 절규할수록 성령을 더욱 의지하게 되고, 죄 가운데 살지 않기 위해 더욱 몸부림치게 될 것이다. 죄에 대한 인식 또한 달라져야 한다. 이제 죄는 우리의 성품과 맞지 않는 이물질(異物質)이다. 우리는 거룩하게 창조되었고, 그리스도와 함께 연합되었고, 그리스도 안에서 율법의 기준 이상으로 거룩하게 살도록 재창조(再創造)된 사람이기 때문에 이런 이물질이 우리에게 들어왔을 때 괴로워할 수밖에 없다.

죄를 지으면서도 아무런 괴로움도, 양심의 가책도, 내적 싸움도 없는 사람에 비하면 천만다행이라고 볼 수 있다. 그런 괴로움이 없다면 구원을 받지 못했거나, 너무 신앙이 어리기 때문에 아직 그런 싸움이 있는 것조차도 모르는 사람일 수 있다. 우리는 하루속히 우리 마음속의 신령한 성품과 죄의 욕구(慾求) 사이의 싸움을 건설적으로 해결해야 한다.

힌트

> **속사람(inner being[NIV], 22 절)**: 고린도후서 5:17 의 상태를 의미한다.
>
> **마음의 법(law of my mind[NKJV], 마음의 법칙[NASV], 23 절)**: 하나님의 법이 우리의 마음을 지배하고 있는 것을 의미한다.
>
> **죄의 법(23 절)**: 죄의 원리를 의미한다. 한 인격 속에 하나님의 법과 죄의 법이 서로 지배하려고 싸우고 있다.
>
> 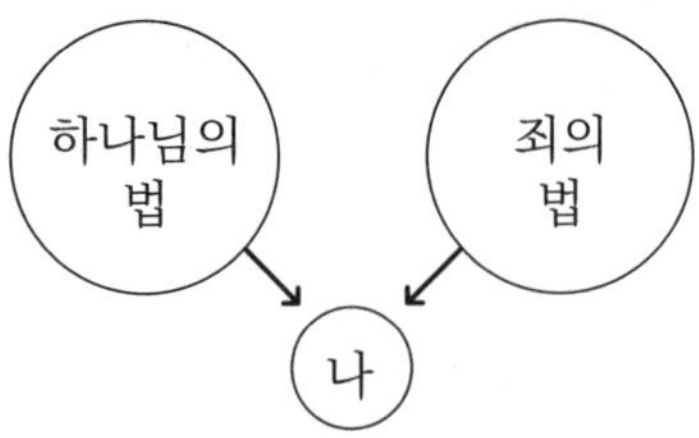
>

이는 서로 전쟁터에서 싸우는 것과 같다. 그리고 세상에 사는 우리는 죄의 법에 끌려 죄의 몸(죄의 법으로 주관되는 나)이 될 때가 있음을 발견한다. 이런 때 우리도 바울 사도처럼 다음과 같이 몸부림치게 된다.

> 오호라 나는 곤고한(wretched man, 비참한) 사람이로다 이 사망의 몸에서 누가 나를 건져내랴(7:24).

나. 오직 그리스도만이 우리 죄의 문제에 대한 해결책이다(7:25)

본문에서 바울 사도는 해결의 실마리(힌트)를 제공한다. 해결책은 "우리 주 예수 그리스도" 안에 있다. 따라서 우리가 하나님께 감사할 수 있다. 완전한 해답은 8 장에 제시되었고 여기서는 해답에 대한 방향만 말씀하고 있지만, 매우 강력한 표현이다. 엄청난 절규(7:24)가 있는 중에 한 줄기의 서광(7:25)이 보인다. 우리는 그리스도 안에서 죄에 대하여 승리할 수 있다는 소망을 가지고 8 장을 공부해야 한다.

우리는 죄의 문제를 해결하신 그리스도 안에 들어옴으로써 죄에서 벗어날 수 있다. 내 속에 이것을 해결하기 위해서는 율법이 제시하는 대로 살지 못하고 있다는 사실을 솔직히 시인하고, 또한 내 힘으로는 그렇게 살지 못한다는 사실을 인식해야 한다. 해결책은 성령님의 도우심으로 그리스도 안에 있다는 사실을 알고 그리스도께로 달려가야만 될 것이다. 이것이 곧 정상적인 그리스도인의 생활이다. 그리스도를 믿음으로 이런 삶이 가능하다.

힌트[6]

> **예수 그리스도로**(25 절): 이 구절을 확대 설명하는 것이 바로 8:1-39 이다.
>
> ① 거룩한 생활이란 성령의 능력으로만 가능하다. 그리고 거룩한 생활이란 비현실적인 생활을 의미하지 않고 죄와 싸우며 때로는 갈등하고 때로는 쓰러지지만 궁극적으로는 그리스도 안에 있는 우리에게 하나님께서 주시는 성령님의 능력으로 승리하는 것을 의미한다.
>
> ② 경험적으로 보아서 죄의 아픔을 알면 알수록 죄로부터 더 멀리 떠나게 된다.
>
> ③ 육신으로 살 때 죄에서 벗어나는 것이 불가능하다는 것을 철저하게 깨달으면 깨달을수록 성령님께 의존하고 살게 될 가능성이 크다.

---

6 Longenecker, *The Epistle to the Romans*, 670-73. 바울 사도는 앞부분에서 언급한 죄성으로 인한 절규를 마무리하고, 그 반대로 긍정적인 면을 25 절 앞부분에서 다루었다고 지적했다. 반면에 종결은 하나님의 도우심이 없이 자신의 능력으로는 하나님께서 원하는 삶을 살 능력이 없음도 동시에 지적했다. '주님의 도우심 없이는' 나 자신의 능력으로는 불가능하다고 이미 지적했듯이 내 마음으로는 하나님의 법을 좇고, 내 육신으로는 죄의 법을 좇을 수밖에 없다고 결론을 맺었다. 후반부는 William Sanday, Arthur C. Headman, *Romans* (Edinburgh : T. & T. Clark, No Date), 178 을 인용했다.

워크숍

1. 본문을 여러 번 읽고 우리에게 주는 교훈을 계속 복습하라. 이 부분을 계속 묵상하고 필요할 때는 주석도 참고하기를 바란다.

2. 자신은 적당히 살아가는 그리스도인인가, 아니면 율법의 요구대로 거룩하게 살고자 열심을 내는 사람인가 생각해 보라. 만일 전자에 속한다면 거룩한 삶을 위해 기도해야 한다. 그런 사람은 하나님께 "나에게 오히려 갈등을 주십시오. 이대로 죄와 타협하면서 살기보다는 갈등을 느끼며 죄의 문제를 그리스도 안에서 해결하기를 원합니다"라고 기도하라.

3. 바울 사도가 말씀하고 있는 갈등, 즉 마음의 법으로는 하나님을 즐거워하지만, 지체 속의 또 다른 법이 나에게 죄를 짓도록 이끌어 가는 것에 대하여 의견을 나누기 바란다. 자신들의 상태와 경험을 솔직히 나눔으로써 이 말씀을 더 깊이 이해하게 되기를 바란다.

4. 본문을 통해서 우리가 깨달아야 할 점을 한 번 더 살펴보기를 바란다. 지금까지 바울 사도가 우리에게 말씀하고자 한 것, 즉 율법으로 해결될 수 없고 그리스도의 도우심으로만 된다는 것은 또 하나의 지식으로 끝날 가능성이 있다. 함께 죽고, 함께 장사 지낸 바 되었고, 함께 부활에 참여한다는 것도 역시 지식으로 끝날 가능성이 있다. 그렇게 되지 않기 위해 어떻게 해야 하는가? 본문을 다시 복습하기를 바란다.

5. 자신은 그리스도인이 된 후 바울 사도처럼 죄와의 씨름 때문에 강력히 절규해본 경험이 있는지 서로 솔직히 나누고, 이에 대해서 서로 교훈을 얻기 바란다. 만일 없었다면 그러한 절규를 할 수 있게 해달라고 기도하기 바란다. 절규 자체가 중요한 것이 아니라, 절규 후에 그리스도를 의지하게 되기 때문이다.

6. 이 부분을 잘못 이해하면 마치 우리 속에 두 개의 인격, 즉 하나님의 사람으로서의 인격과 죄의 사람으로서의 인격이 있는 것처럼 착각할 수 있다. 그러나 이것은 매우 잘못된 생각이다. 내 속에 두 개의 인격이 동시에 존재한다면 정신분열증을 초래할 것이다. 이 말은 한 인격을 가진 사람 속에 하나님의 법에 순종하려는 새로운 성품과 죄의 법에 순종하려는 옛 사람의

욕구가 동시에 있다는 사실로 받아들이는 것이 성경적이다. 이런 사실들을 서로 나누고 본인들의 상태를 점검하기 바란다.

나의 기도

하나님 아버지, 예수님을 마음속에 영접했지만, 제 힘으로 거룩한 삶을 살려고 노력하다가 많이 지쳤습니다. 오늘 말씀을 공부하면서 제가 율법을 지킴으로써 구원을 받을 수 없고, 더 나아가서는 율법을 지킴으로써 거룩한 생활도 할 수 없다는 사실을 잘 알게 되었습니다. 하나님 아버지, 지난날 은혜 앞에 나와 저 자신을 내려놓고 예수님을 믿고 구원받은 것처럼 오늘 다시 한번 은혜로우신 주님 앞에 나와 주님을 의지합니다. 제가 죄와 싸우다 지쳐서 이렇게 나왔습니다. 이제는 제 육신 자체에는 아무런 선이 없는 것을 알게 되었습니다. 그래서 주님의 은혜를 의지하고 주님이 주시는 능력으로 죄에 대해서 승리하기를 원합니다. 그리고 성령님의 도우심을 따라 거룩한 삶을 살기 원합니다. 예수님의 이름으로 기도합니다. 아멘.

15

성령의 능력으로 승리하는 삶

로마서 8:1-17

먼저 성경 본문을 여러 번 읽으시오.

8장은 7:25에서 제시한 단답(短答)에 대한 확대 설명이라고 볼 수 있다. 바울 사도는 7:25에서 "우리 주 예수 그리스도로 말미암아 하나님께 감사하리로다"라고 말함으로써 육신의 노예가 되지 않고 영(靈)을 좇아 사는 것의 가능성에 대해 암시했다.

이 과에서는 그러한 삶에 대해서 좀 더 구체적으로 설명하고 있다. 우리가 육신에 지지 않고 승리할 수 있는 이유는 무엇인가? 무엇보다 그리스도 안에 있는 우리에게는 결코 정죄함이 없기 때문이다. 그리고 우리는 새로운 질서, 곧 생명의 성령의 법에 따라 살게 되었기 때문에 더 이상 죄와 사망의 법을 좇을 필요가 없다. 더 나아가서 우리 힘으로는 할 수 없지만, 하나님께서 친히 우리 가운데 율법이 요구하는 것들이 이루어지게 해 주신다.

반면에 육신을 좇아 살면 육신의 열매를 맺게 되고 마지막은 사망에 이르게 된다. 이제 우리는 영을 좇아 생명과 평안을 누리면서 하나님과 더불어 살 수 있다. 그러나 만약 내 안에 성령님께서 안 계신다면 그러한 삶은 불가능하다. 이에 대해 바울 사도는 우리 속에 그리스도의 영이 없으면 그리스도인이 아니라고 단언(斷言)한다. 따라서 우리가 그리스도를 믿고 구원을 받았다면 반드시 우리 속에 성령님이 계신다. 성령님이 내 안에 계실 때에는 비록 내 육신은 죄에 대해 반응할지라도(나의 옛 성품—이는 내가 육체 가운데 사는 동안 내내 내 속에서 이런 욕구를 좇아가도록 내 발목을 잡을 것임) 구원을 받고 새로운 피조물이 된 참된 나 자신은 하나님께서 주시는 능력을 힘입어 계속 살게 될 것이다.

성령님께서는 예수 그리스도를 죽은 자 가운데서 살리신 것처럼 우리의 죽은 몸도 어느 날 살리실 그때까지 내 속에서 옛 성품을 좇아 살지 않고, 새로운 신분에 걸맞게 살 수 있게 도우실 것이다. 따라서 우리는 더 이상 육신을 좇지 않고 성령님의 인도하심에 따라 사는 것이 마땅하다. 우리가 죄의 노예였을 때에는 죄의 노예처럼 살았지만, 하나님의 영으로서 인도함을 받는다면 하나님의 아들과 딸이다. 따라서 이제는 하나님을 아버지라 부르며 하나님을 좇아 사는 것이 마땅하다. 이렇게 사는 사람들을 향해서 성령님께서도 친히 우리가 하나님의 자녀인 것을 증거해 주신다고 말씀하셨다. 그리고 이런 사람은 하나님의 상속자요, 또 그리스도와 함께 하는 상속자이다. 이런 사람들은 어느 날 그리스도와 함께 영광 가운데 살게 될 것이다. 그 과정 가운데 고난이 있을 수 있지만, 그런 고난도 그리스도와 함께 받는 것이라면 당연히 이길 수 있다.

가. 성령을 좇아 살 수 있는 준비 완료(8:1-4)

이 부분이야말로 로마서의 핵심이라고 할 수 있다. 로마서에서 이 부분이 빠진다면 마치 건물의 주춧돌이 빠진 것과 같은 일이 벌어질 것이다. 여기에서 우리는 최소한 세 가지 원리를 발견할 수 있다. 첫째로, 우리가 육신에 지지 않고 성령으로 승리할 수 있는 삶을 살 수 있는 기초에 대한 것이다(근거). 둘째로, 우리에게 다가온 새로운 세계의 실제이다(새 시대). 셋째로, 이로써 우리가 영적으로 승리하며 살 수 있는 길이 열려 있는 것이다(능력).

성령으로 살 수 있는 준비(8:1)

이제 그리스도 안에 있는 사람들에게는 결코 정죄함이 없다. 그리스도 안에 있는 사람들에게는 죄와 율법의 효력이 무효가 되었다. 이것은 이미 6 장과 7 장을 통해서 누누이 설명하였다. 이것을 달리 얘기한다면 고린도후서 5:17 과 같다고 볼 수 있다.

> 그런즉 누구든지 그리스도 안에 있으면 새로운 피조물이라 이전 것은 지나갔으니 보라 새 것이 되었도다(고후 5:17).

힌트

> 3:21-5:21 에서는 우리가 그리스도의 은혜로 구원받은 사실을 설명하였고, 6:1-7:25 에서는 구원받은 후의 그리스도인들이 거룩한 생활을 어떻게 할 것인가를 언급하고 있다. 8:1 이하에서는 그리스도인들에게 어떤 특권이 있는가를 계속하여 설명하고 있다. 도표로 보았을 때, 1-8 장은 다음과 같이 설명된다.[1]

---

1 Harrison, *Romans*, 85. 해리슨은 8:1-39 에 관해 언급하면서 이는 단순히 7 장에 언급된 것처럼 성도들의 죄성의 문제를 해결하는 데 그친 것만이 아니라고 주장했다. 오히려 처참한 죄 가운데 있는 사람이 복음으로 의롭다 함을 받은 것(5 장)과 죄성으로부터 자유롭게 됨으로써

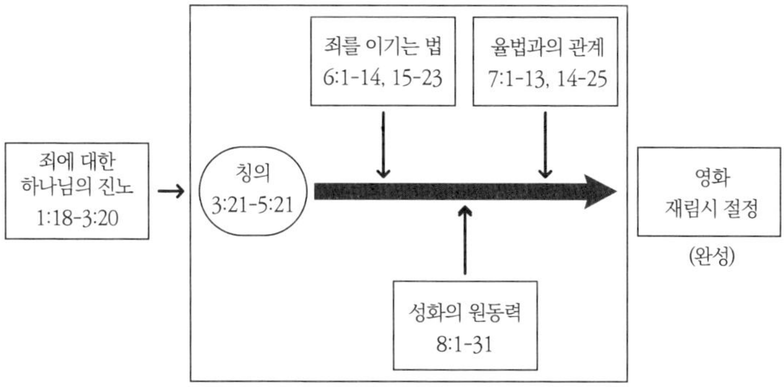

- 죄들로부터의 자유 3:21-5:21
- 죄의 성품(죄의 원리)으로부터의 자유 6:1-7:25
  아담 안 ➔ 그리스도 안
  구원 전 ➔ 칭의
- 개인적(그리스도와 연합) 3:21-26
- 공동체[그리스도의 지체화(肢體化)] 5:11-21

그리스도 안에 있는 사람이 따르는 새로운 질서(8:2)

그리스도 안에 있는 사람에게 죄와 사망의 법에 따라 주관되고 그 질서대로 살던 때는 이제 끝났다. 즉, 옛 시대는 끝나고 새로운 시대가 온 것이다. 새로운 시대는 생명을 주는 성령의 법에 따라 사는 것을 의미한다. 우리는 죄에 끌려다니다가 결국 사망에 이르는 옛 질서를 다시는 따를 필요가 없다. 여기서 "해방되었다"는 동사의 시제를 보면 이것은 이미 그 동작이 끝난 것을 의미하는 단어이다.[2]

성화됨(6-7 장)에 대해서, 종국에 가서 영화롭게 되는 것(8 장) 모두에 대해 언급한 것이라고 주장했다.

2 Bruce, *Romans*, 152. 중요한 사본이 완료형으로 표기했다(Aleph and B & G). NEB 에서는 has set you free 로 표기하고 있다.

힌트

> 우리가 죄와 사망의 법(원리) 가운데 사는 한, 주기적으로 사망의 열매를 맺고, 최종적으로도(심판 날) 사망의 삯을 받게 된다(6:15-23). 인간은 스스로 이 법으로부터 헤어나지 못하고 노예 상태에 있다. 그러나 육신으로나 율법으로 불가능하던 것을 하나님께서 "생명의 성령의 법(원리)"으로 가능케 하셨다.
>
> 생명의 성령의 법(8:2)은 천국에서 온전히 나타날 성령의 완전한 삶과 그 능력에 관한 것인데, 현재에도 그리스도 안에 있는 사람은 이를 체험하게 된다. 이는 때때로 성령의 능력으로 표현되고, 어떤 때에는 성령의 은사로도 표현된다. 따라서 그리스도인들은 제한적이나마 천국 생활을 앞당겨 누리는 것이다.[3]

성령을 좇아 사는 승리하는 삶(8:3-4)

믿기 전에는 우리 안에 성령님이 계시지 않았기 때문에 성령님께서 요구하시는 삶을 살 수 없었다. 그러나 이제는 우리 안에 계신 성령님께서 이런 삶을 살 수 있도록 능력을 주신다. 즉, 하나님께서 이런 삶을 살 수 있도록 역사하신다. 따라서 원래 하나님이 우리에게 기대하셨던 의로운 요구가 이루어지게 된다.

이것은 8:4 에서 "율법의 요구"라는 말씀으로 표현되었다. 즉, 우리는 힘이 없지만, 성령님께서 율법이 요구하는바 의로운 삶을 살 수 있도록 능력을 주신다. 더 나아가 이런 것은 매일의 삶 가운데서 나타날 뿐만 아니

---

3 Bruce, *Romans*, 149. "For not only does the Spirit maintain life and power in the spirit of believers here ad now; his indwelling presence is a token that their body, still subject to mortality, will rise to new life as Christ's own body rose." 성도들 안에 거하시는 성령님은 성도들이 살아있는 동안 능력을 주실 뿐만 아니라, 성도들이 이 세상에서는 죽음을 경험할지라도 그리스도께서 재림하실 때 성도들도 그리스도와 함께 그리스도의 지체로서 재림하게 하실 것이다(필자 역).

라 법적으로도 우리 속에 계신 성령님께서 우리가 마치 의로운 삶을 다 산 것처럼 여겨 주시는, 소위 의롭다 함(칭의)을 얻게 해 주신다는 것이다.

힌트

> 그리스도께서 인간의 몸을 입으시고 육신으로 오셔서 친히 우리 죄에 대한 형벌을 담당하셨다. 이로써 주님의 이름을 믿는 사람에게 이런 생활이 가능하게 하셨다. 주님의 성육신과 생애, 십자가 이 모두가 우리의 죄를 없이 하기 위한 것이었다(8:3).
>
> 다시 말해서 그리스도께서 율법이 요구하는 의(義)를 우리 대신 다 이루어 주셨기 때문이다(9:4). 그뿐만 아니라 우리가 이런 의(義)를 이룰 수 있도록 그리스도께서 돕고 계신다.[4]

나. 우리에게 있는 두 종류의 삶(8:5-11)

바울 사도는 우리가 성령을 좇아 살 때 육신에 지지 않고 승리할 수 있다고 말씀했다. 바울 사도는 다시 한번 두 종류의 삶의 차이점을 설명하고, 우리가 어떤 삶을 좇아야 할 것인가를 명확히 보여주고 있다.

육신을 좇는 삶은 육신의 결실을 맺는다(8:5-8)

육신을 좇는 삶, 곧 육신의 삶이 가져다주는 가치관의 특징은 다음과 같다. 육신대로 사는 사람들은 육신의 열매를 거두기 마련이다. 그 열매들을 보면 사망, 하나님과 원수되는 것, 하나님의 법에 굴복하지 못하는 것 등이 있다. 육신을 좇는 사람은 이런 삶을 살 수밖에 없고 하나님을 대적하게 됩니다. 이들의 삶은 하나님을 기쁘시게 하지 못한다. 우리는 이 같은 사실들을 이 세상에서 얼마든지 찾아볼 수 있다.

육신대로 사는 사람이라도 완전히 죄만 짓고 살지는 않을 것이다. 그러나 육신으로 사는 사람들은 예측할 수 없는 연약성을 갖고 있어서 하나님

---

4 Harrison, *Romans*, 86-87.

께서 싫어하시는 죄에 빠지게 되고, 심지어는 큰 범죄까지 저지르게 된다. 물론 성령을 좇아 사는 사람이라도 실수해서 죄를 범할 수 있다. 즉, 그리스도께 굴복하지 않고 이미 주어진 특권을 망각하고 육신을 좇게 될 때 죄의 유혹에 빠지게 된다. 이런 경우 비록 구원을 잃지는 않지만, 그가 택한 것에 따라 육신의 열매를 맺게 된다. 따라서 우리는 언제든지 육신을 좇지 말고 영을 좇아 죄에 대해서 승리하는 삶을 살아야 할 것이다.

힌트

> 여기서는 믿는 사람들과 믿지 않는 사람들의 상태를 비교해서 설명하고 있다. 물론 도덕적인 죄로 말미암아 악하게 된 인간성을 설명하고 있지만, 8 절을 미루어 보아 구원받은 사람과 구원받지 못한 상태를 비교하고 있음이 분명하다.
>
> **육신을 좇는 생활**: 구원받지 못하고 육신의 지배를 받고 사는 생활
>
> 
>
>
> **성령을 좇는 생활**: 구원받아 성령의 지배를 받는 사람의 생활
>
> 
>

영을 좇는 자는 영적인 결실을 기대할 수 있다(8:9-11)

이것도 역시 또 하나의 삶의 양식, 곧 세계관임을 알 수 있다. 영을 좇는 사람은 영에 관한 생각을 계속하게 된다. 또한 하나님의 나라의 백성으로서 특권들, 즉 생명과 평안을 누린다. 또 하나님의 친구가 된다. 그래서 영을 좇는 성령의 원수가 되는 죄에 굴복해서는 안 된다. 이보다 더 중요한 것은 영을 좇아 사는 사람은 성령님과 영구적인 관계를 맺고 있다는 것이다(8:9-11).

바울 사도는 여기서 아주 단순한 논리를 펼치고 있다. 하나님의 영이 없으면 하나님의 사람이 아니고, 반대로 하나님의 영이 거하시면 육신에 있지 않고 영에 있는 사람이라는 것이다. 즉 그리스도의 영이 없으면 그리스도의 사람이 아니고, 그리스도의 영이 그 안에 있으면 그리스도의 사람이다. 더 나아가서 그리스도인의 몸(육체 그 자체)은 죽을지 모르지만, 어느 날 주님께서 부활의 능력으로 다시 살아나게 하실 것이다. 중요한 사실은 그때만 아니라 현재도 우리의 영이 살아 있다는 점이다. 영이 "살아 있다"는 것은 하나님에 대해서 반응을 보인다는 뜻이다. 마지막에 부활을 통해서 우리의 몸이 다시 사는 것은 물론이고, 그전에도 내 안에 성령님이 나와 함께 계셔서 내가 죄를 이기고 살 수 있는 능력을 주신다.

우리는 이 본문을 좀 더 깊이 묵상할 필요가 있다. 우리는 대개 이러한 사실을 모르고 육신의 힘으로 죄를 이기고 살려고 노력하다가 좌절하고 포기할 때 비로소 성령님께 항복해 나오곤 한다. 그렇게 하기보다는 아예 처음부터 이 말씀에 따라 사는 것이 하나님의 뜻대로 사는 것이다. 처음부터 내 속에는 성령님께서 거하시며, 곧 그리스도가 나와 함께 계시며, 따라서 하나님 아버지께서 내게 승리를 주신다는 사실을 깨달아야 한다. 그런 사람들은 성부, 성자, 성령의 능력을 힘입고 의를 좇아서 살게 된다.

그렇게 살 수 있는 준비는 우리가 주님을 마음속에 영접했을 때 이미 다 되었다. 바울 사도는 그것을 로마서 6장에서부터 8장까지 계속해서 설명하고 있다. 5장 후반부에는 우리의 신분 자체가 완전히 그리스도 안으로 옮겨졌고, 우리 자신이 십자가를 통해서 죄에 대해서 죽고, 의에 대해서 살았다는 사실을 설명하였다. 지금까지 죄를 이기고 위대한 삶을 산 성도들은 대부분 이런 말씀을 제대로 깨닫고 자신의 삶에 적용한 경우이다.

힌트

> 우리가 구원받은 후의 상태를 성경은 여러 가지로 말씀하고 있다. 어떤 때에는 성령님께서 내주하신다고 하고(8:9), 또 다른 경우에는 그리스도의 영이 우리와 함께 계신다고도 설명하고 있다(8:9). 10 절에는 그리스도께서 우리 안에 계신다고 말씀하고 있다. 이 모든 표현은 우리가 그리스도인임을 말씀해 주고 있으며, 성령님께서 역사하시는 성격을 알려주고 있다.
>
> 하나님께서는 그리스도를 통하여 우리에게 자신을 완전히 계시하셨으므로 그리스도가 우리 안에 거하시면 곧 하나님께서 우리 안에 계신 것이나 마찬가지라는 의미를 갖게 된다. 그런데 성경에서는 그리스도가 우리 안에 계신 것을 성령님께서 우리 안에 계신 것과 동일시하고 있다. 이로써 그리스도의 생활 패턴과 그리스도의 인격이 우리 속에서 뚜렷하게 나타나면 나타날수록 우리는 결국 성령 충만한 생활을 하고 있는 것으로 간주할 수 있다.

다. 성령님의 인도하심에 따라 사는 삶(8:12-17)

우리가 육신대로 살아서는 안 되는 이유를 설명했다(8:12-13)

여기서 다시 한번 깨달아야 할 것은 우리에게는 육신대로 살 의무가 전혀 없다는 것이다. 오히려 우리를 위해 주님께서 십자가상에서 해 놓으신 일에 대해, 마치 주님께 빚을 진 자처럼 느끼고 주님을 좇아 사는 것이 필요하다는 것이다. 즉, 나를 죽음에서 건지시고 새로운 피조물로 만드신 주님과 함께 살아야만 한다는 것이다. 이렇게 죽은 몸의 행실을 좇지 않고 하나님을 좇아 살아야만 우리가 거룩한 삶을 살 수 있다.

우리의 옛 습성은 아직도 우리가 죄를 범할 수밖에 없다고 속삭일 것이다. 그럴 때 우리는 이 말씀을 통해서 내가 전혀 죄에 대하여 의무가 없다는 것을 깨닫고 거부할 수 있다. 이것은 우리의 힘으로 되는 것이 아니라 내 안에 계신 성령님께서 하신다. 그러나 나도 역시 거기에 순종하며 동조해야 한다. 나는 가만히 있고 성령님께서 나를 이끌어갈 때만 기다려서는 안 된다. 오히려 주님께서 나를 위해 십자가를 통해 열어 놓으신 일에 대해, 마치 빚진 자처럼 생각하고 그리스도께 나 자신을 적극적으로 드려야 한다. 이것이 바로 영으로써 몸의 행실을 죽이라는 명령과 더불어 "그리하면 살 것"이라고 약속하신 의미이다(8:13 하). 이에 대해 존 스토트는 다음과 같이 설명했다.[5]

> 우리가 구원받았을 때 성령께서 내 안에 들어오심으로써 나는 영적으로 살아났다. 그 결과 나는 성령으로 육신을 죽이고 살 수 있는 특권을 얻은 것이다. 이제 우리는 육신의 욕구를 무자비하게 거부하고 돌아서야 한다. 모든 죄와 나쁜 버릇으로부터 단호하게 떠나야 한다. 그것은 내 손, 발, 눈과 모든 것을 거룩하지 못한 것으로부터 돌이키는 것을 의미한다. 그리고 전심으로 나의 구세주이신 주님께 나 자신을 드리며 무엇이든지 참되며, 무엇이든지 경건하며, 무엇이든지 옳고, 무엇이든지 정결하고, 무엇이든지 거룩하고, 무엇이든지 사랑스러워할 만한 것에 나 자신을 드리며 사는 것을 말한다. 바로 이렇게 사는 것이 거룩하게 사는 것이며 영적으로 가치 있는 삶이 된다. 이것이 바로 천국적인 삶을 사는 것이다. 곧 천국이 내 마음에 있는 것이다.

성령의 역사가 순종하는 사람에게 나타납니다(8:14-17)

성령님께서는 이처럼 하나님 왕국 가치를 따라 사는 사람들 가운데 주권적으로 역사하십니다. 이는 곧 우리가 우리의 책임을 다하고 성령님께서는 성령님의 책임을 다하신다는 뜻으로도 볼 수 있다. 성령님께서는 무엇보다도 우리에게 하나님의 자녀인 것을 확신하게 한다. 하나님의 자녀

5 John R. W. Stott, *Man Made New: An Exposition of Romans 5-8* (London: Inter-Varsity Fellowship, 1969), 91-92. 필자는 이 부분에 대해 직역하지 않고, 저자가 전하고자 하는 내용대로 요약했다.

는 마땅히 죄의 노예가 될 수 없다는 사실도 알려주신다. 더 나아가 우리가 하나님을 아버지라 부르짖을 수 있도록 성령님께서는 내 속에서 역사하신다.

또 성령님께서는 친히 내가 하나님의 상속자(相續者)라는 사실을 알려주신다. 상속자가 된다는 것은 장차 주님께서 주시는 영광도 같이 누리게 될 뿐 아니라 지금은 때때로 주님과 고난도 함께 받는다는 것이다. 어느 날 우리의 몸이 영화롭게 변해서 더 이상 죄를 지을 수 없게 될 때가 반드시 올 것이다. 주님이 재림하시는 날이 바로 그때이다. 이때 우리의 최종적인 구속도 이루어질 것이다. 그전에도 우리는 새로운 하나님 왕국의 질서 가운데 살기 위해 성령님께 우리 자신을 의탁하여 죄로부터 자유로운 삶을 살아야 한다. 동시에 하나님께서 가장 기뻐하시는 일, 즉 세상 모든 족속에게 복음을 증거하는 일과 선행에 우리 자신을 드려야 한다.

이러한 새로운 질서 속에 살다 보면 우리의 성품도 어느덧 하나님의 성품을 닮게 될 것이다. 이것을 신학적인 말로 성화(聖化)라고 한다. 즉 성결한 삶을 사는 사람이라는 뜻이다. 21 세기에 들어선 지금 세상이 옛날보다 더 악해지면 악해졌지 더 깨끗해질 것 같지는 않지만 우리는 걱정할 필요가 없다. 내 안에 계신 성령님께서 깨끗하고 성결하게 살 수 있는 능력을 주실 뿐만 아니라, 계속해서 하나님 앞으로 나아가게 도우실 것이기 때문이다. 하나님을 아버지라 부르는 우리에게 하나님께서는 무한한 가능성을 알게 해 주실 것이다. 잠시 찾아오는 고난도 이 영광스러운 소망과 성령의 역사로 인해 우리가 능히 이기게 될 것이다.

이 땅에서 우리가 계속 이런 삶을 살다가 더욱더 거룩한 성품으로 변화되어 하나님 아버지를 만나야 할 것이다. 천국에 들어갈 때 우리는 지금보다 훨씬 더 성화된 상태로 들어가야 마땅하다.

워크숍

1. 이 과가 우리에게 주는 교훈에 대해서 한마디로 요약해 보라. 이것을 서로 나누고 우리가 어떤 부분을 우리 삶 가운데 적용할 수 있는지 나누어 보라.

2. 8:1 부터 우리가 죄의 능력에서 해방되어 새롭게 살 수 있는 근거에 관해 설명하고 있다. 우리가 죄에서 해방된 근거는 무엇이며, 우리는 어떤 자세로 살아야 하는지 자신들의 말로 표현해 보기 바란다.

3. 하나님께서는 우리가 할 수 없는 것까지도 할 수 있도록 도우시는 분이십니다. 과연 어떤 부분이 본인에게 그런 의미를 주고 있는가를 함께 나누기 바란다.

4. 8:5-11에서 또 한 번 바울 사도는 죄의 노예가 된 사람들과 의를 좇아 사는 사람들을 대비하여 설명하고 있다. 이것은 곧 두 개의 다른 가치관을 가진 사람들을 의미한다. 두 개의 상반된 가치관에 관해 설명하고 이에 대해 자신은 어떤 가치관을 갖고 살기 원하는지 나누어 보라.

5. 이 과의 가장 핵심적인 부분 중의 하나는 8:9-11인데, 우리의 신분에 대해 명확히 설명하고 있다. 이것은 단순히 성령님이 우리 안에 계신다는 것만이 아니다. 본문 전체를 생각하며 이 구절들이 주는 의미에 대해서 서로 나누어 보라. 그리고 자신의 삶 가운데 어떻게 적용할 것인가에 대해서 나누어 보라.

6. 우리는 이제 혼자가 아니라 내 안에 성령님이 계신다. 우리가 주님을 믿고 의롭다 함을 받았을 때 이미 성령님은 우리 마음에 들어와 계신다. 내 안에 계신 성령님께 나는 어떻게 순종할 것인가에 대해 서로 나누어 보라.

7. 이 과에 나온 내용에 관해 다시 한번 묵상해 보고 내가 어떤 결심을 했는지 서로 나누어 보라.

나의 기도

사랑하는 하나님 아버지, 성령님께서 제게 오셔서 이제는 '내가 사는 것이 아니오 내 안에 성령님께서 사시는 것'임을 알게 해 주셔서 감사합니다. 지금까지 저는 성령님을 보내 달라고 구하기만 할 뿐 내 안에 계신 성령님과 함께 사는 것을 잘 인식하지 못했습니다. 이제는 내 안에 계신 성령님과 함께 살도록 나 자신을 성령님께 의탁합니다. 성령님, 나 혼자 그동안 애쓰고 수고하고 쓰러지고 깨어졌던 것을 회개합니다. 불쌍한 저를 이제 더 이상 그렇게 살도록 내버려 두지 말아 주시옵소서. 이제는 내 안에 계신 성령님과 동행하면서 하나님과 함께 승리를 맛보며 살 수 있게 해 주시옵소서. 그렇게 살 때 제 성품 자체도 계속 성화되어 더욱 성령님께 자신을 맡기고 살게 해 주시기를 원합니다. 앞으로도 두 갈래 선택의 상황에 부닥칠 때마다 예외 없이 성령님께서 원하는 쪽을 선택하여 거룩함에 이를 수 있게 도와주시옵소서. 오늘 저 자신을 성령님께 전폭적으로 의탁합니다. 제게 성령으로 충만케 하여 주옵소서. 예수님의 이름으로 기도합니다. 아멘.

16

최선의 삶

로마서 8:18-39

먼저 성경 본문을 여러 번 읽으시오.

8:1-17 에서는 성령께서 우리 가운데 계심으로써 우리가 죄와 율법으로부터 해방된 삶을 살 수 있다고 하였다. 8:18-39 은 성령님을 좇아 사는 삶의 질(質)에 대해 말하고 있다. 이것은 그리스도인들이 추구해야 할 최선의 삶이다. 우리가 이러한 삶을 살 수 있는 이유는 다음과 같다.

첫째, 현재의 고난은 장차 우리에게 미칠 영광과 족히 비교할 수 없기 때문이다. 이 내용은 17 절 하반절에서부터 시작해서 26 절까지 계속되고 있다. 지금은 주님이 오시기 전까지의 중간기(中間期)로서 세상에서 사는 동안은 고난이 있을 수밖에 없다. 그러나 지금도 하나님의 역사(役事)는 계속되고 있다. 피조물들도 바로 그런 하나님의 역사로 하나님의 자녀들이 피조물인 자신들을 관리해 주기를 바라고 있다.

인간은 물론이고 이 세상의 피조물들도 하나님의 최종적인 역사로 인해 모든 것이 변화할 것을 기다리고 있다.

자연환경(自然環境)도 마찬가지이다. 죄 많은 사람의 남용과 낭비로 말미암아 지금 많은 것들이 훼손되고 있다. 현재로서는 의롭다 함을 받은 사람들이 이런 것들을 잘 관리해 줄 것을 기대하는 수밖에 없다. 이와 같은 상황 가운데 사는 하나님의 자녀들과 모든 피조물을 성령께서 계속 도우신다. 만일 이런 성령의 도우심이 없다면 우리는 결코 이 세상에서 하나님께서 의도하시는 대로 살 수 없다. 다행히 성령께서 우리의 연약함을 아시고 도우시기 때문에 성공적으로 신앙생활을 할 수 있다.

둘째, 하나님을 사랑하는 자들에게는 모든 것이 합력하여 선(善)을 이루기 때문에 우리는 최선의 삶을 살 수 있다. 성령께서는 이미 우리가 어떻게 살 것인가를 알고 계신다. 우리가 구속받고, 성화되고, 마지막에 영화롭게 되도록 이미 정해 놓으셨다. 따라서 지금은 비록 우리가 정처 없이 나그네처럼 사는 것 같지만, 실상은 성령님의 인도하심 속에서 매일 매일 최종적인 목표인 영화롭게 되는 것을 향해 하루하루 다가가는 것이다. 이것이 이 세상 사람들의 생활과 우리의 생활이 다른 점이다.

셋째, 하나님이 우리를 도우시면 아무도 우리를 대적(對敵)할 자가 없기 때문이다. 하나님께서 우리를 위하시는데 감히 누가 우리를 건드릴 수가 있는가? 또 아들을 우리 대신 십자가에 못 박히도록 내어 주셨다면 무엇인들 주시지 못하시겠는가? 바울 사도는 이런 점을 평생 경험하고 이를 우리에게도 알려주었다.

넷째, 아무도 우리를 하나님의 사랑에서 끊을 수 없기 때문이다. 이 과에서는 이런 내용을 다루고 있다. 우리가 이런 사실을 알고 있을 때 순간적으로 우리에게 찾아오는 아픔, 절망, 병마 등을 이기고 보다 풍성한 삶을 누리게 될 것이다.

가. 현재 고난은 장차 우리에게 올 영광과 족히 비교할 수 없음(8:18-25)

지금은 이 세상이 타락한 질서 속에 있어서 고난이 있다. 그런 가운데서 죄인들이 이 세상과 자연을 다스릴 때 남용과 무질서와 폭력과 부조리가 있을 수밖에 없다. 하나님의 뜻을 좇지 않는 모든 사람은 이런 가능성을 다분히 가지고 있다. 또 하나님의 자녀라도 하나님의 뜻에서 벗어난다면 마찬가지이다. 이같이 무책임한 가운데 사는 사람들의 지배를 받는 자연도 고통을 당할 수밖에 없다. 파괴되어 가는 생태계가 그런 사실을 우리에게 잘 말해주고 있다.

또한, 우리는 현재 주위에서 일어나고 있는 여러 상황을 통해서 이를 잘 알 수 있다. 성(性)에 대한 남용과 그에 따른 고통, 그 결과 나타나는 부작용(미혼모와 원하지 않는 자녀들의 낙태 양산, 입양아들의 방황 등)과 같은 실재들이 잘 말해주고 있다. 이 세상의 모든 피조물도 이제는 고통에서 벗어날 수 있도록 하나님의 자녀들이 통치해 줄 것을 기다리고 있다. 우리는 본문 말씀처럼 완전한 변화가 이루어지는 그 날을 기다릴 것이다. 오늘도 우리는 그때를 기다리며 살고 있다. 우리뿐만 아니라 창조된 세계도 그렇게 기다리고 있다. 바로 이것이 우리의 소망이다.

나. 성령도 우리를 도우심(8:26-27)[1]

본문에서는 우리의 연약한 상태를 말씀하고 있다. 단순히 어떻게 기도할지 모르는 연약함만이 아니라 우리의 연약함 전반에 대해서 성령님께서

---

1 John Murray, *The Epistle to the Romans*, The New International Commentary on the New Testament (Grand Rapids: Wm. B. Eerdmans, 1974), 310-11. "'Infirmity' is a comprehensive term in itself and can cover the whole range of the weakness which characterizes us in this life. We need not suppose that the infirmity in view is restricted to the matter of prayer…… Prayer covers every aspect of our need, and our weakness is exemplified and laid bare by he fact that we know not what to pray for as is meet and proper." 유약함이란 단어는 원래 포괄적인 의미가 있고 우리 삶 가운데 있는 수많은 약함을 의미할 수 있다. 기도 역시 수많은 우리의 필요를 위해 드리게 된다. 따라서 본문에서 성령님이 우리의 연약함을 위해 어떻게 기도해야 할지 모를 때 도움을 주신다는 말은 비단 기도 그 자체에 국한시킬 이유는 없다. 오히려 다양한 연약함에 관해 도움을 주신다는 뜻을 내포하고 있다(필자 역).

도우신다는 말씀으로 확대하여 이해해도 괜찮을 것이다. 하나님께서는 이처럼 우리의 연약함을 도와주심으로 우리가 이 세상에서 하나님이 원하시는 대로 기도도 하고 승리하는 삶을 살 수 있다. 다행히 성령님께서는 하나님의 뜻을 너무 잘 아신다. 성령님은 하나님의 영이시기 때문에 하나님의 생각을 잘 아신다. 따라서 우리가 하나님의 뜻대로 기도할 수 있고 하나님의 뜻대로 살 수 있도록 성령님께서 지금도 우리를 돕고 계신다.

다. 하나님을 사랑하는 자에게는 모든 것이 합력하여 선을 이룸(8:28-30)

이 말씀은 잘못 생각하면 운명론(運命論)처럼 들릴지도 모른다. 운명론적으로 사는 사람들은 종종 "살다 보면 모든 것이 다 잘 풀릴 것이다"라고 생각한다. 그러나 여기서는 그런 뜻이 아니다. 하나님의 간섭이 있어서, 즉 하나님께서 우리의 삶을 주장하고 계시기 때문에 우리에게 일어나는 어떤 일이든지 다 의미가 있다는 뜻이다. 특히 하나님의 사랑 가운데 사는 사람, 곧 그 뜻대로 부르심을 받은 사람에게는 더 그렇다.

본문은 불순종한 일에 대해서도 다 의미가 있다고 말씀하는 것은 아니다. 하나님께서는 그런 것을 통해서도 우리에게 교훈을 주실 것이다. 그러나 그보다는 좀 더 적극적으로 최선을 다하는 삶 가운데 일어나는 일들을 의미한다. 즉, 우리에게 일어나는 일들에 대해서 하나님께서 이미 알고 계시며, 인도하고 계시기 때문에 그 결과도 좋게 나타나리라는 것이다.

우리가 하나님의 아들의 형상을 본받게 되길 원하시기 때문에 그렇게 우리를 인도하신다. 그중에 가장 먼저 예수 그리스도를 우리의 모범으로 제시하셨다. 그리고 예수 그리스도께서 먼저 그 길을 가셨다. 바로 그 길을 좇아가는 우리도 역시 그분처럼 될 수 있다. 즉, 의롭다 함을 받고 결국은 영화롭게 될 것이다.

이것을 좀 더 구체적으로 설명하면, 우리는 먼저 하나님께 아신 바 되었고, 부르심을 받아 의롭다 함을 받았으며, 성화하는 과정을 밟고 있으며, 마지막에는 영화롭게 되는 것에 대해 성령님은 우리를 도우실 것이다. 이런 사실을 알 때 우리는 하루하루 두려워하지 않고 적극적으로 살 수 있다. 그리고 우리에게 다가오는 일들이 하나님의 뜻을 이루는 데 사용될 것을 알 때, 비록 지금은 어려운 점이 있어도 궁극적으로는 합력하여 선을 이루기 때문에 절망하지 않는다.

힌트

8:29-30 내용을 성화 과정으로 전개하면 다음과 같이 된다.

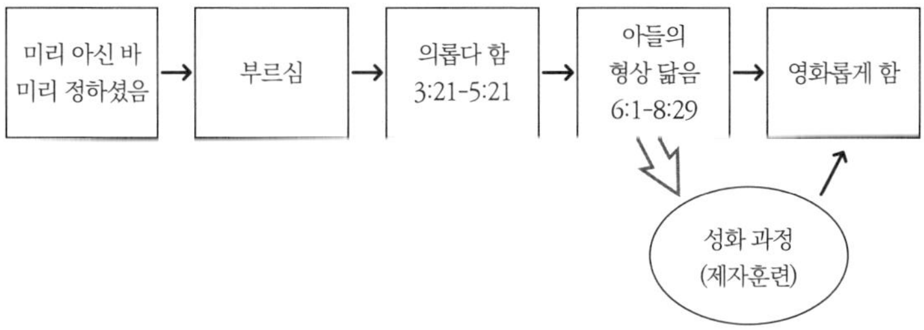

라. 하나님이 우리를 위하신다면 아무도 우리를 대적할 수 없음(8:31-34)[2]

본문은 하나님께서 날이 갈수록 우리 가운데 어떤 역사를 더욱 강하게 일으키실 것인가를 말씀하고 있다. 하나님이 우리를 사랑하시기 때문에

2 Charles Hodge, *Commentary on the Epistle to the Romans* (Grand Rapids: Eerdmans, 1976), 287. "The conclusion of this chapter is a recapitulation of all his former arguments, or rather the reduction of them to one, as our Judge, is satisfied; as our Father, he loves us; as the supreme and almighty Controller of events, who works all things after the councel of his own will, he has determined to save us; and as that Being, whose love is an unchanging as it is infinite, he allows nothing to separate his children from himself." 이 장의 결론은 앞에서 논한 내용의 총화(總和)라 할 수 있겠다. 달리는 그런 내용을 다음과 같이 한마디로 축약한 것이기도 하다. 마치 심판관이 만족케 한 것 같이, 우리를 사랑하시는 아버지가 그렇게 하신 것 같이, 궁극적으로 모든 것을 주관하시듯이, 당신의 뜻대로 모든 것을 성취하신 분이 하듯이, 우리를 구원하시기로 작정하셨듯이, 영원토록 변함이 없이 사랑하시듯이, 하나님의 자녀는 결코 그 어떤 경우에도 버리지 않으실 것이란 뜻이다(필자 역).

궁극적으로는 우리와 싸우는 악한 세력이 결국은 하나님과 싸우는 것과 같을 것이라는 말이다.

천지를 창조하신 하나님이 우리를 위하신다면 과연 누가 우리를 대적할 수 있겠는가? 이것은 아주 간단한 논리이다. 우리가 이 사실을 믿을 수 있는 이유가 있다. 하나님께서 아들을 아끼지 아니하시고 우리를 위하여 내어 주셨기 때문이다. 그 아들보다 더 귀한 것이 하나님께 있겠는가? 그렇다면 그 아들과 함께 다른 어떤 것이라도 은사로 주시지 않겠는가? 바로 그것이 바울 사도가 본문을 통해 우리에게 제시하는 내용이다.

또 하나님이 택하셨다면 누가 그를 고소할 수 있는가? 하나님이 의롭다고 하셨는데 감히 누가 이를 반박할 수 있겠는가? 사단이, 또 우리 자신이 이것을 반박해도 소용없다. 하나님이 그렇게 하셨으면 아무도 거부할 수 없다. 정죄도 마찬가지이다. 하나님께서는 정죄하지 않으시고 오히려 의롭다고 하셨다. 그리고 그것을 위해서 주님께서 십자가에서 돌아가셨다가 다시 살아나셔서 지금은 하나님 우편에서 우리를 위해 간구하고 계신다.

그런데 누가 우리를 정죄하고 우리를 공격할 수 있겠는가? 아니 공격은 할지 몰라도 하나님께서 우리와 함께 하시기 때문에 우리는 궁극적으로 승리할 것이다. 마태복음에서는 하나님께서 우리와 함께 계심에 대해서 '임마누엘'이라는 용어를 썼다(마 1:23). 즉, 주님이 탄생하셨을 때 바로 이 하나님이 우리와 함께 계심을 의미한 것이다. 하나님이 우리와 함께하신다. 우리는 오늘 이 사실을 믿고 이 세상에서 최선의 삶을 살아야 할 것이다.

마. 아무도 우리를 하나님의 사랑에서 끊지 못함(8:35-39)

바울 사도는 여기서 비로소 결론적으로 말하고 있다. 마치 등산객이 산 정상에 올랐을 때 느끼는 환희와 같은 이 말씀을 8 장의 결론으로 하고 있다. 그것은 하나님이 우리를 끝까지 사랑하신다는 말씀이다. 아무도 우리를 하나님의 사랑에서 끊을 수 없다. 바울 사도는 가능한 모든 경우를 들어서 이런 사실을 입증하였다. 환란, 곤고, 박해, 기근, 적신, 위험, 칼이나 그 밖에 어떤 것도 그리스도의 사랑에서 우리를 끊을 수 없다고 말했다. 심지어는 우리가 단말마(斷末魔) 같은 고난을 받는 중에도 하나님의 사랑은 끊어지지 않는다는 말이다. 오히려 우리가 넉넉히 이길 수 있다고 했다.

바울 사도는 본인의 확신을 통해서 우리에게도 확신을 주고 있다. 이로써 6-8 장 내용이 마무리된다. 어떤 면에서 이 내용은 어느 한 부분만 떼어서 볼 수 없을 정도로 유기적인 관계가 있다. 다시 한번 정리해 본다면 우리는 주님과 함께 십자가에 못 박혀 죽었고, 주님이 부활하실 때 같이 부활했고(주님 안에서), 이제는 죄의 질서(어두움에 속한 나라-세상 속)에서 벗어나 하나님께서 통치하시는 하나님의 나라로 옮겨졌다. 이에 대해 5 장 마지막 부분에서는 우리의 소속이 이제는 아담 안에 있지 않고 그리스도 안에 있다고 말씀한 바 있다(5:12-21). 그렇지만 아직도 우리는 이 세상에 살고 있어서 우리가 어디에 충성하는가에 따라서 우리 삶의 질(質)이 결정된다.

6 장 후반부과 7 장에서는 누누이 우리가 벗어난 옛 질서(세상의 영향)로 다시 돌아가지 말 것을 말하였다. 그리고 7 장에 가서는 우리가 그리스도 안에서 율법을 초월하여 살 수 있다고 했다. 율법대로 살려고 하면 우리는 바울 사도가 어느 시점에서 경험한 것처럼 극심한 고통 가운데 신음하게 된다는 것이다. 그러나 그리스도 안에 있을 때 성령님이 내 안에 계시고, 하나님이 나를 도우시기 때문에 율법이 원하는 바를 이루어가고 더 나아가 최선의 삶을 살 수 있다.

8 장에서는 바울 사도가 앞에서 언급한 삶을 살 수 있는 이유를 자세히 설명하고 있다. 우리는 이 땅에서 그렇게 살 수 있는 특권이 있다. 그리고 이 세상에서 천국으로 옮겨갈 그 찰나(사망이 우리를 집어삼킬 때)에도 하나님의 사랑이 끊어지지 않을 것이라고 약속하고 있다. 이런 보장을 받은 우리는 그 특권을 마땅히 누려야 한다. 그리고 이것을 우리만 누릴 뿐 아니라 이 세상의 모든 사람도 누릴 수 있도록 이 기쁜 소식을 증거해야 한다. 이것이 곧 복음이다. 이 놀라운 복음을 모든 족속에게도 나누며 살아야 할 것이다.

워크숍

1. 본문을 여러 번 읽어보고 핵심적인 진리를 한마디로 요약해 보고, 이를 서로 나누어 보라.

2. 우리는 본문을 통해 현재의 피조물들이 고통 가운데 있고 심지어는 그리스도인들도 종종 고통을 당할 수밖에 없다는 것을 알았다. 그렇지만 이 고통은 언젠가 끝나고, 현재 당하는 고통도 장차 우리에게 미칠 영광과는 감히 비교가 되지 않는다. 이런 사실에 비추어 볼 때 과연 우리는 세상에서 어떻게 살아야 하는가에 대해 서로의 의견을 나누기 바란다.

3. 우리 스스로는 연약하지만, 성령님께서 우리를 도우신다. 성령님의 도우심을 받아 본 경험을 서로 나누기 바란다. 앞으로 성령님의 도우심을 좇아서 기도할 때 우리의 기도 생활이 어떻게 변할 것인가에 대해서도 서로 나누기 바란다.

4. 자신들의 연약함에 대해서 성령님의 도우심을 받은 경험과 앞으로 도움을 받아야 할 영역에 대해서 나누고 서로를 위해 기도하기를 바란다.

5. “하나님을 사랑하는 자들에게는 모든 것이 합력하여 선을 이룬다”라고 말씀했는데, 이를 자신의 생활에 적용해 보기 바란다. 그리고 고통당할 당시에는 몰랐었지만 지금 이 말씀을 통해서 볼 때 본문 말씀처럼 “합력하여 선을 이룬” 경험이 있었다면 그 느낀 바를 서로 나누기 바란다. 가령 실직이나 자녀의 입시 실패 등은 우리에게 피부로는 매우 고통스럽게 느껴질 것이다. 하지만 이 말씀에 비추어 볼 때 과연 이러한 어려움이 어떤 의미를 갖는지 나누고 서로 격려하라.

6. 하나님께서 우리가 궁극적으로 어떤 사람이 되기를 바라시는지 생각해 보라. 그리고 이에 따라서 자신들의 생의 방향을 확정하기를 바란다.

7. “하나님이 우리를 위하시면 아무도 우리를 대적할 수 없다”고 말씀했는데 그 이유를 본문에서 찾아보고 서로 나누기 바란다. 그리고 이를 자신들의 삶에 적용하라.

8. 하나님께서 우리를 끝까지 사랑하신다고 하셨는데 이를 쉽게 이해할 수 있는 말로 요약해 보라. 그리고 이 말씀에 대해서 느낀 바를 서로 나누고 이 말씀을 마음속에 간직하고 살 수 있기를 바란다.

나의 기도

사랑하는 하나님 아버지, 이제는 제가 성령님과 예수님, 그리고 아버지 하나님과 끊을 수 없는 유기적인 관계를 갖게 된 것을 알았습니다. 제가 성령님을 마음속에 모시려고 노력할 필요가 없고 오히려 성령님이 이미 제 마음속에 계신 것도 알았습니다. 그리고 성령님이 계실 때 제가 주님 안에 있고, 또 하나님 아버지께서도 역시 함께하심을 알았습니다. 삼위일체 하나님이 나와 함께하시며 계속 나와 동행하시며, 나를 위해 일하시는 것도 알았습니다. 바로 그런 가운데 이 세상에서 살 때 향방 없이 살지 않고 주님의 뜻대로 살아야 하는 것도 알았습니다. 심지어는 내가 알지 못할지라도 성령께서 주관하시어 모든 것이 합력하여 내가 그 길을 갈 수 있게 하시는 사실에 대해서도 알았습니다. 그리고 어떤 난관이 닥쳐와도 하나님의 사랑은 끊어지지 않는다는 것도 알았습니다. 사랑하는 아버지 하나님, 우리가 이런 가운데 이 땅에서 살 수 있게 해 주신 것에 대해 한없는 감사를 드립니다. 이 모든 것이 바로 예수 그리스도께서 십자가에서 돌아가시고 부활하신 그 기초 위에서 이루어진 것임을 다시 한번 감사드립니다. 즉, 복음은 죄 사함의 능력만 있는 것이 아니라, 최선의 삶까지 우리에게 제공하여 주시는 것임에 대해 감사 또 감사를 드립니다. 이런 삶이 이 세상에서 끝나는 것이 아니고, 더 나은 천국인 하나님의 나라의 삶으로 연결되는 것에 관해 소망이 있습니다. 이런 삶을 우리에게 주신 것에 대해서 다시 한번 감사와 찬양을 드립니다. 그리고 이것을 우리만 갖고 있지 않고 온 세상의 모든 족속에게 나눌 수 있는 특권을 주신 것에 대해서도 감사를 드립니다. 이제는 이 특권과 이 복음을 온 누리에 자랑스럽게 나눌 수 있게 해 주시옵소서. 예수님의 이름으로 기도합니다. 아멘.

참고문헌

Barrett, C. K. *The Epistle to the Romans*. The Harper's N.T. Commentary. New York: Harper & Row, 1957.

Black, Matthew. *Romans*. The New Century Bible. Greenwood: Attic Press, 1973.

Bruce, F. F. *Romans*. Tyndale New Testament Commentaries. Leicester, England: IVP, 1990.

Cranfield, C. E. B. *The Epistle to the Romans*. vol. 1, 2. Edinburgh: T & T Clark, 1975.

Erickson, Millard J. *Christian Theology*. Grand Rapids, Mich.: Baker, 1985.

Garrett, James. *Systematic Theology: Biblical, Historical, and Evangelical*, vol. 1. Grand Rapids: William B. Eerdmans, 1990.

Goheen, Michael W. *Reading the Bible Missionally*. Grand Rapids: Eerdmans, 2016.

Harrison, Everett F. *Romans*. The Expositor's Bible Commentary. rev. ed. Grand Rapids: Zondervan, 1982.

Hodge, Charles. *Commentary on the Epistle to the Romans*. Grand Rapids: Eerdmans, 1976.

Longenecker, Richard N. *The Epistle to the Romans*. The New International Greek Testament Commentary. Grand Rapids: Eerdmans, 2016.

McDermott, Gerald R. & Harold A. Netland. *A Trinitarian Theology of Religions: An Evangelical Proposal*. New York: Oxford University Press, 2014.

Moule, H. C. G. *Studies in Romans*. Grand Rapids: Kregel, 1977.

Murray, John. *The Epistle to the Romans*. the New International Commentary on the New Testament. Grand Rapids: Wm. B. Eerdmans, 1974.

Netland, Herold. "선교신학과 선교훈련에 있어서의 쟁점들." 「현대선교」 11 (1997): 31-144.

Rommen, Edward. 『영적능력과 선교』. 정흥호 역. 서울: 목양, 1997.

Schreiner, Patrick. "What We Would Be Missing If We Didn't Have the Book of Acts." *Crossway Articles*. January 04, 2022.

_______. "The Mission of the Triune God." posted by Matthew Hines. January 25, 2022. https://www.mbts.edu/2022/01/booktalks-with-patrick-schreiner-the-mission-of-the-triune-god.

Stott, John, R. W. *Man Made New: An Exposition of Romans 5-8.* London: Inter-Varsity Fellowship, 1969.

Tennent, Timothy C. *Invitation to World Missions: A Trinitarian Missiology for the Twenty-first Century*. Grand Rapids, MI: Kregel, 2010.

Thomas, W. H. Griffith. St. *Paul's Epistle to the Romans*. Grand Rapids: Eerdmans, 1974.